Educación para la ciudadanía

TERCER CICLO PRIMARIA

Proyecto **La Casa del Saber**

Santillana

El libro **Educación para la ciudadanía**, para tercer ciclo de Educación Primaria,
es una obra colectiva concebida, creada y realizada en el Departamento
de Ediciones Educativas de Santillana Educación, S. L., bajo la dirección de Enrique Juan Redal.

Texto del libro del alumno: Carmen Pellicer Iborra y María Ortega Delgado.

Ilustración: Pablo Velarde.

Edición y dirección del proyecto: Estrella Molina.

Las actividades de este libro deben ser realizadas por el alumno en un cuaderno.
En ningún caso deben realizarse en el mismo libro.

Presentación

Este libro forma parte del proyecto LA CASA DEL SABER, que es un espacio educativo en el que los alumnos pueden adquirir las capacidades necesarias para su desarrollo personal y social. Para lograrlo, este libro de Educación para la ciudadanía pretende que los alumnos alcancen los siguientes objetivos:

- **Reflexionar sobre qué es ciudadanía y conocer la importancia de los Derechos Humanos.** Por medio del conocimiento de los valores cívicos y éticos aprenderán a ponerse en el lugar de otros, se darán cuenta de la manera en que nuestras acciones afectan al futuro y entenderán el valor de una conducta responsable y solidaria.
- **Participar en la toma de decisiones del grupo, utilizando el diálogo para favorecer los acuerdos y asumir las propias obligaciones.** Los alumnos tendrán la oportunidad de debatir y decidir qué hacer en situaciones reales a partir de los conocimientos adquiridos. Así se favorece el desarrollo de la autonomía y la iniciativa personal.
- **Aprender y trabajar con distintos tipos de información.** Además de los textos expositivos, se presenta información en diferentes formatos, noticias, textos narrativos, gráficas, poemas, canciones...
- **Generar situaciones para desarrollar las competencias básicas,** practicando el trabajo cooperativo, la argumentación y defensa de las propias opiniones y la escucha atenta y valoración crítica de las opiniones de los demás, mostrando siempre una actitud de respeto.

LA CASA DEL SABER es un proyecto en el que cabemos todos. Por eso, a través de los contenidos, las imágenes y las actividades se busca que los alumnos reconozcan y valoren la diversidad cultural de la sociedad en que viven.

Contenidos	Entre todos	El futuro depende de mí/ Eres capaz de
• La ciudadanía • Los ciudadanos • Los valores cívicos y éticos • «Tener buenos modales»	• La calle es de todos. Una carta al director • Reglas para el diálogo • Organización cooperativa • Modos de trabajar	• Tú eres el protagonista • Poner en marcha iniciativas solidarias
• Crecer no es solo ganar altura • Las etapas del crecimiento • Construimos nuestra personalidad • Asumir más responsabilidades • Tenemos necesidades • Creamos nuestra escala de valores	• Juegos y realidad • Noticias sobre niños que confunden realidad y fantasía • Biopoema	• Alcanzar la meta • Cumplir un sueño: el ejemplo de Fernando Alonso
• Derechos y responsabilidades • La ley nos proteje y nos exige • Las responsabilidades cívicas • Los derechos y responsabilidades de los alumnos y de los padres	• Diario de un naufragio • Juego de supervivencia	• Prevenir los conflictos • Distinguir entre derechos y obligaciones
• La igualdad entre hombres y mujeres • Un logro y una meta • La situación de las mujeres en el mundo	• Princesas y príncipes • Los roles en los cuentos	• Trabajar por la igualdad • Organizar la economía doméstica
• Relaciones de convivencia • Sentir afecto • Los conflictos • Valores para la convivencia	• Cuando seamos mayores • Problemas de los ancianos. Cómo podemos ayudarles	• Mis vecinos y yo. Consejos para la convivencia • Evitar comportamientos inadecuados
• Iguales y diferentes • Las personas emigramos • Somos iguales y diferentes • Vivimos en una sociedad intercultural • Debemos respetar las diferencias	• Los niños de la guerra. Testimonio de ACNUR • Trabajo sobre solidaridad	• Sin prejuicios • Organizar un plan de acogida
• Los conflictos tienen solución • ¿Por qué hay conflictos? • ¿Qué podemos hacer ante un conflicto? • ¿Se puede mediar en los conflictos? • ¿Qué es el acoso escolar?	• Tras los libros: acoso escolar • Trabajo sobre códigos de conducta no violenta Actuaciones para evitar la violencia	• Romper con la violencia • Hacer un Plan de Convivencia
• La democracia • Dónde se aprende la democracia • La Constitución • Los valores de la democracia	• Si yo fuera alcalde... • Funciones del alcalde y de las concejalías • Preparar un programa electoral • Debatir un presupuesto	• Por qué se pagan impuestos • La Hacienda Pública • Hacer preguntas a los políticos
• Los problemas del entorno • Nuestra influencia en el medio ambiente • El problema del calentamiento global y del CO_2 • La seguridad en la vida cotidiana • Protección Civil	• Clase de seguridad vial • Guía del peatón • Debate sobre las causas de un accidente de tráfico y las maneras de prevenirlo	• El número 112 • Prevenir los riesgos en casa
• Iniciativas internacionales • La Organización de Naciones Unidas • La defensa y la paz • La Declaración del Milenio	• Viva Rachid • La labor de UNICEF y otras organizaciones para ayudar a afectados por el VIH	• Algo más que juguetes • Los niños tienen derecho a jugar • Decir NO • La prevención de peligros que acechan a los niños

1 Qué mundo queremos

Todos tenemos unos derechos básicos que mejoran nuestras vidas y hacen que el mundo sea mejor. Nos ayudan a crecer y a desarrollar nuestras cualidades, nuestra inteligencia y nuestra conciencia y nos permiten satisfacer nuestras necesidades básicas. Los derechos humanos son indispensables, porque cuando no se respetan las personas pierden su libertad, su autonomía y su relación con los demás.

La Declaración de los Derechos Humanos es un documento que resume los derechos que todos tenemos. Fue elaborado por personas de distintos países y lenguas para luchar contra las injusticias, como la esclavitud y la tortura.

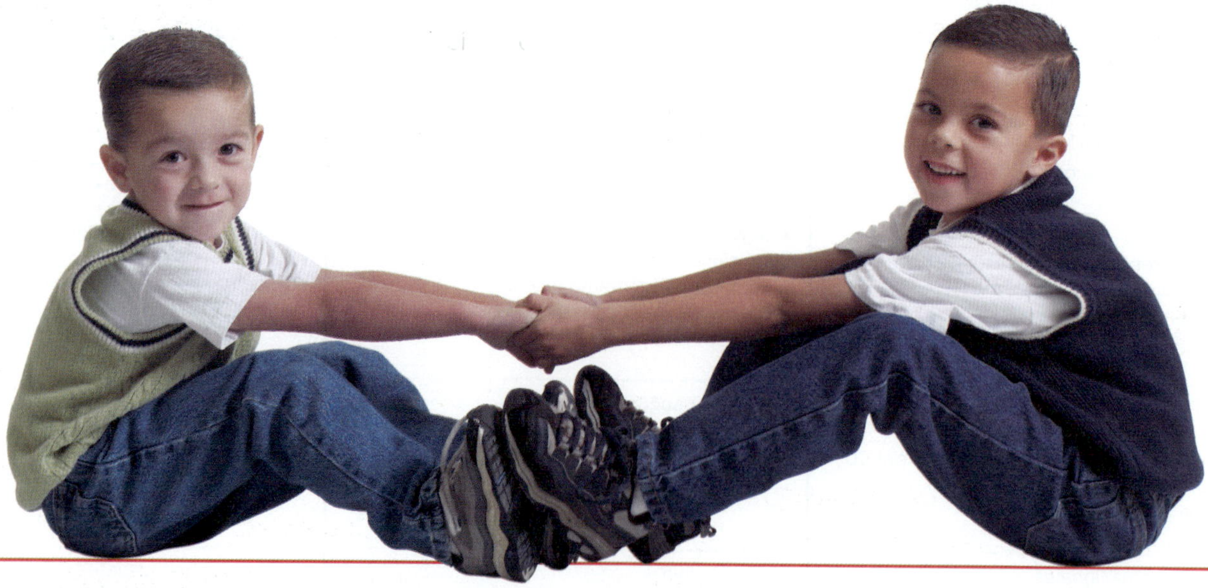

- **¿Son iguales los derechos humanos en todo el mundo? ¿Se respetan de la misma manera en todas partes? ¿Por qué deben ser iguales para todos?**
- **¿Quién elabora los derechos? ¿Quién tiene la obligación de cumplirlos? ¿Y de hacer que se cumplan?**

Declaración de los Derechos Humanos

1. Todos nacemos libres e iguales.

2. Todos tenemos derecho a no ser discriminados por nada.

3. Todos tenemos derecho a la vida, a la libertad y a la seguridad.

4. Nadie tiene derecho a hacerte esclavo y tú no puedes hacer esclavo a nadie.

5. Nadie tiene derecho a mofarse de ti, insultarte, pegarte o torturarte.

6. La ley debe ser igual para todos y proteger a todos por igual.

7. Tenemos derecho a que nos protejan los tribunales y al respeto de nuestros derechos.

8. Nadie tiene derecho a enviarte a la cárcel o a expulsarte de tu país a menos que haya motivos graves.

9. 10. 11. Todos somos inocentes mientras no se demuestre lo contrario.

12. Todos tenemos derecho a la privacidad.

13. 14. Todos tenemos derecho a circular libremente y salir de nuestro país, y regresar cuando queramos.

15. Todos tenemos derecho a tener una nacionalidad o a cambiar de nacionalidad si lo deseas.

16. Tienes derecho a casarte y formar una familia cuando seas mayor.

17. Tienes derecho a tener propiedades y nadie te las puede quitar sin una razón justificada.

18. Tienes derecho a practicar tu religión de forma privada o pública.

19. Tienes derecho a tener tus propias ideas y contárselas a los demás.

20. Todos tenemos derecho a reunirnos y formar asociaciones, sin obligar a nadie a hacerlo.

21. Tienes derecho a participar en la política de tu país. Tienes derecho a votar y ser elegido.

22. Tienes derecho a aprovechar al máximo todas las ventajas sociales disponibles.

23. Tienes derecho a trabajar y a cobrar lo mismo por tu trabajo con independencia de tu sexo.

24. Tienes derecho a descansar, a trabajar un número de horas limitado y cobrar en vacaciones.

25. Tienes derecho a lo necesario para mantenerte sano, tener comida, ropa y vivienda.

26. Tienes el deber de ir a la escuela y aprovechar al máximo sus enseñanzas.

27. Tienes derecho a participar en la vida cultural de tu comunidad.

28. 29. Tienes que respetar los derechos de los demás y el lugar donde vives.

30. Nadie puede quitarle a nadie los derechos que acabas de leer.

(Adaptación de la Declaración de los Derechos Humanos)

EN GRUPO

- **Relatad una situación que explique cada uno de los derechos.**
- **Elegid ahora una de las situaciones descritas y pensad:**
  - ¿Qué pasaría si os quitaran este derecho?
  - ¿Cómo afectaría a las demás personas?
  - ¿Qué podríamos hacer para volverlo a restaurar?
  - ¿Quién tiene la obligación de vigilar que se cumplan?

VAS A APRENDER

- La importancia de los derechos humanos.
- A ponerte en el lugar del otro.
- Qué es ser ciudadano.
- Cómo vivir tu ciudadanía.
- Cuáles son los valores cívicos.
- A trabajar de forma colaborativa.
- Cómo ser mejor ciudadano.

En la piel del otro

Sé cómo te sientes

Ponerse en la piel del otro es una expresión que utilizamos para indicar que comprendemos lo que le pasa a otra persona a la que estamos escuchando o de la que recibimos información. Es sentir sus problemas y entender cómo se siente. También es una habilidad que tenemos los seres humanos para establecer relaciones sociales y vínculos personales.

Si nos ponemos en el lugar de alguien, podremos comprender por qué actúa de una manera o de otra. También podremos ayudarle y buscar juntos soluciones para sus problemas. Así, compartiremos los problemas de otra persona y también su alegría cuando pueda superarlos.

Los problemas de Ikram

Ikram tiene doce años. Trabaja como sirvienta en un país al norte de África y tiene una vida difícil:

«Mi padre tiene otra mujer y muchos hijos. A nosotras, las niñas, nos trataba mal. Los niños pueden ir a la escuela pero las chicas no le importamos. Así que en cuanto pude, me fui de casa. Estuve en unas cuatro o cinco casas diferentes. Todas iguales. Trabajar, trabajar, trabajar todos los días, sin descanso. Siempre vigilada, encerrada. Poder ducharme solo a veces, comer las sobras, vestir trapos, dormir sobre el suelo de la cocina. Estar sola, siempre, todos los días.

Le he pedido a la señora que, por favor, me pague. Al principio dijo que sí pero desde que trabajo aquí no he recibido nada, y de eso ya hace varios meses. Le dije que si no me paga, me voy. Entonces me tiró del pelo y me amenazó con que si me iba, me denunciaría a la policía, diciéndoles que le robé y me fui con el dinero. Sudo, tiemblo, tengo frío, pero no puedo parar. Solo quisiera que todo esto acabe.»

Extraído del informe *Bajo techo ajeno* de Save the Children

Todos los idiomas tienen una expresión coloquial para decir «ponerse en el lugar de otro». La lengua inglesa recoge la expresión **«to put oneself in one's shoes»** que significa «ponerse en los zapatos del otro».

Sylvain

En el año 2002 Sylvain tenía once años. Nació en la República Democrática del Congo, un país que está continuamente en guerra. A los nueve años se alistó como soldado cuando comprobó que su familia había desaparecido tras un ataque. Después de siete meses de instrucción fue enviado a combatir contra el ejército ugandés y aprendió a sobrevivir matando al enemigo. Sylvain cuenta que no tenía miedo porque no entendía que podía morir. Matar era una rutina.

Ya no está en el ejército, y le gustaría volver a vivir con su madre, a la que han localizado. Quiere estudiar y aprender un oficio. Desea que la guerra termine para siempre.

Sylvain tiene el cuerpo lleno de cicatrices y su salud no es buena. Sufre dolores de cabeza, mareos y dificultad para respirar. Pero en su país no hay medicina que cure el dolor de Sylvain.

Amnistía Internacional

En el mundo más de 115 millones de niños en edad escolar no acuden a la escuela primaria

Uno de los Objetivos de Desarrollo del Milenio es alcanzar la educación primaria universal antes de 2015. Sin embargo, según datos de UNICEF, en el mundo hay más de 115 millones de niños en edad de asistir a la escuela primaria que, al no poder acudir a ella, se ven privados de ejercer su derecho a la educación.

Acudir a la escuela es importante

En los últimos años España ha visto cómo sus escuelas aumentaban con niños procedentes de otros países. Son niños que han dejado su país, su casa y sus amigos. Sus motivos son distintos. Todos tienen una historia personal que los ha llevado hasta aquí. Todos buscan una oportunidad para comenzar de nuevo con los mismos derechos que todos disfrutamos.

PARA MI REFLEXIÓN

- Ponte en el lugar de Ikram y contesta: ¿Cómo se siente? ¿Por qué?
- ¿Cómo te sentirías tú si te obligaran a trabajar quince horas cada día en esas condiciones?
- ¿Qué derechos humanos se están incumpliendo?
- Ponte en el lugar de Sylvain, ¿cómo cambiaría tu vida? ¿Qué cosas deberías dejar de hacer? ¿Cómo crees que se sintió la familia de Sylvain al perderlo?
- ¿Por qué crees que es importante que los niños y niñas acudan a la escuela?

EN GRUPO

Cuenta alguna historia personal que conozcas de compañeros que vienen de fuera, de otro país, de otro colegio… y explica cómo te sentiste al conocerla.

La ciudadanía

Los ciudadanos

Antiguamente solo se consideraban ciudadanos los varones con determinada posición económica dentro de la sociedad. No tenían ese derecho las mujeres ni personas como los agricultores o artesanos.

Hoy en día, en las sociedades democráticas, son ciudadanos todas las personas, hombres y mujeres. Pero no en todos los países se ha alcanzado este grado de igualdad.

La ciudadanía es la condición que tenemos todas las personas de ser miembros de la comunidad y genera derechos y deberes. La ciudadanía nos enseña a convivir y a compartir.

Los ciudadanos deben tener siempre en cuenta los derechos de los demás y contribuir al bien común respetando valores como la justicia, la igualdad y la paz.

La manera de contribuir a la construcción de una sociedad mejor es ejercer la ciudadanía mediante el voto, participando en la elección de los representantes políticos, respetar las leyes y participar en iniciativas que mejoren las condiciones de vida de todos.

Una niña con un cartel durante una manifestación contra el terrorismo.

Los valores cívicos y éticos

Los valores cívicos son creencias y comportamientos que facilitan la convivencia de los ciudadanos y permiten que haya buenas relaciones entre ellos.

Muchos aspectos de estos valores cívicos están escritos en las leyes, pero otros forman parte de las costumbres y se transmiten a través de la familia y la escuela.

Son valores cívicos la responsabilidad, la solidaridad, la justicia, la libertad, entre otros. Se recogen en la Declaración de los Derechos Humanos y en el preámbulo de las constituciones democráticas.

Los valores éticos tienen relación con nuestras acciones y nos impulsan a ser mejores personas. Nos ayudan a mejorar constantemente y a elegir cómo queremos ser y qué queremos hacer.

Valores cívicos

- Libertad
- Igualdad
- Responsabilidad
- Solidaridad
- Justicia
- Tolerancia
- Ecología
- Diálogo
- Paz

Otros valores

- Honestidad
- Autenticidad
- Alegría
- Amistad
- Empatía
- Cortesía
- Confianza
- Fortaleza
- Altruismo

«Tener buenos modales»

Se llama «modales» a la manera de comportarse una persona en sociedad. Son acciones externas que en sí no son buenas ni malas. Son costumbres unidas a la cultura de un país o grupo social. Por esta razón, lo que está bien en un lugar puede ser considerado una mala costumbre en otro. Por ejemplo, eructar en la mesa se considera de mala educación en nuestro país, mientras que en otras partes del mundo se acepta que las personas eructen, e incluso se agradece, porque el que lo hace da a entender que la comida le ha gustado.

Estos modales o costumbres se suelen aprender de la familia y dentro de cada cultura manifiestan los valores éticos que tienen las personas y son muestras de respeto hacia los demás. Algunos son:

- Ceder el asiento a las personas mayores.
- Saludar y despedirse con cortesía.
- No interrumpir a una persona que está hablando.
- No escupir u orinar en la calle.
- Ponerse la mano en la boca al bostezar.
- Sentarse bien en la mesa.

Tirar los papeles a la papelera es propio de personas con buen comportamiento cívico.

PARA SER UN BUEN CIUDADANO

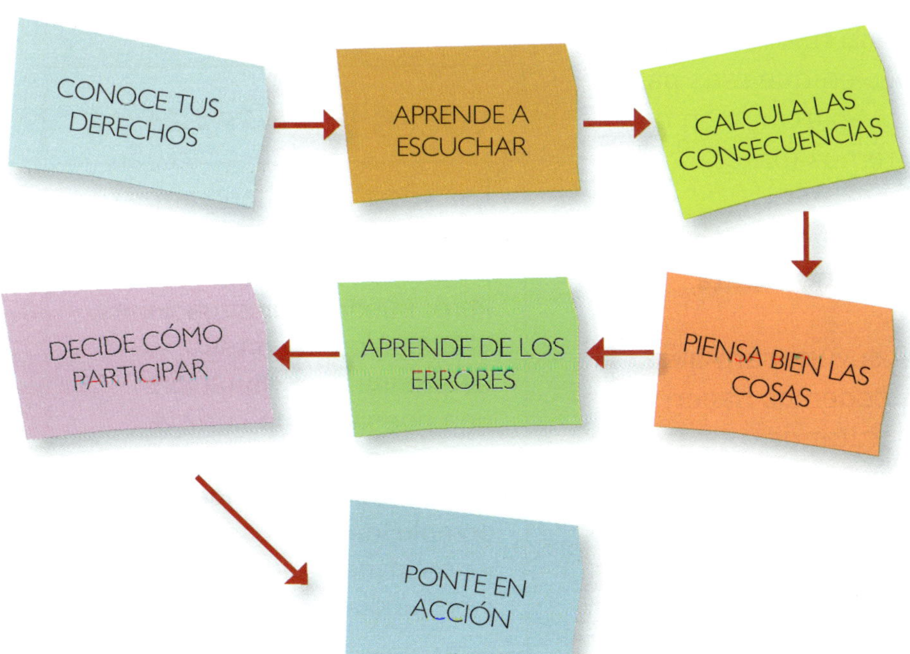

REFLEXIONAMOS

- **¿Qué puedes hacer para ser un buen ciudadano en tu escuela? ¿Cómo puedes contribuir a que la escuela sea un buen lugar de convivencia?**
- **Escribe unas líneas explicando por qué crees que son importantes los buenos modales. Da al menos tres razones para justificarte.**
- **«Los jóvenes son más maleducados hoy en día». ¿Qué piensas de esta afirmación? ¿Quién suele decirla? ¿Por qué crees que lo hacen?**

La calle es de todos. Una carta al director

Estimado Director:

He llegado hace poco al barrio y ayer salí por primera vez a pasear a mi bebé en su carrito. Pensaba ir al parque para disfrutar de una bonita tarde, pero me llevé una decepción, solo encontré dificultades. Nada más llegar a la esquina de la calle San Martín, junto a la valla de un edificio en obras, había un gran contenedor que impedía el paso. Tuve que volver atrás y dar un rodeo por otras calles.

Cuando ya estaba cerca del parque, me encontré con otro problema: había un coche aparcado a la entrada del paso elevado que cruza la avenida. Para poder pasar tuve que coger en vilo el carrito, que pesa mucho, poniendo en peligro a mi hijo. Me parece que estará de acuerdo conmigo en que esos pasos son para los peatones, no para aparcar, y en que no hay derecho a que encontremos tantos inconvenientes.

Por último, cuando llegué al parque me llevé otra sorpresa: hay que bajar más de treinta escalones para entrar.

Ir al parque es toda una aventura para quienes llevan bebés en carrito. ¿Qué podemos hacer? ¿Es justo que no podamos disfrutar de un parque público porque las autoridades no se ocupan de que se cumplan las normas? ¿Por qué las personas son tan insolidarias y cortan el paso sin prever las consecuencias?

Una madre indignada

VOCES PARA TRABAJAR

Las *voces* son la primera información que vas a recibir para empezar esta parte del libro. Pueden ser situaciones, testimonios, recortes de prensa, una narración, una poesía o una carta al director como esta. Las voces nos ayudan a entender la complejidad de los problemas y nos invitan a investigar y profundizar en el tema.

EN GRUPO

Para trabajar en equipo debes respetar una serie de normas muy importantes:

- Cada uno debe aportar algo al trabajo común.
- Es necesario reservar un tiempo para la reflexión personal.
- Las tareas se deben distribuir según las cualidades de los miembros del grupo.
- Se debe determinar el papel de cada uno según las necesidades del trabajo.
- El trabajo debe ser conjunto y debéis ayudaros unos a otros.

TRABAJO PRÁCTICO

En actividades en grupo como las que proponemos a continuación es importante seguir unas reglas:

- Respeta las normas. Igual que en los juegos, si no se cumplen las normas no se puede jugar.
- Aporta ideas al grupo. Todas las ideas son importantes y enriquecen al grupo.
- Escucha a los demás. Es el primer paso para conocerlos y formar un grupo unido.
- Colabora con tus compañeros. Si se reparten bien las tareas, el grupo funciona mejor. Es bueno que haya un investigador, un diseñador, un escritor, etc.
- Defiende tus ideas con argumentos. Si crees que tu idea es buena, explícasela lo mejor que puedas al resto del grupo.
- No copies y cortes de Internet. Es fácil encontrar información en Internet, pero no siempre es verdadera. Debes comprobarla, leerla despacio y resumirla.
- No leas las cosas a medias. Lee siempre toda la información.
- Haced una buena presentación. Podéis ayudaros con fotos y dibujos, pero no olvidéis repasar la ortografía. La encuadernación es también importante.

Ahora imaginad situaciones en las que la autora de la carta tendría problemas con su carrito:

- **En tu colegio**
- **En tu edificio**
- **Por las calles de tu localidad**

- ¿En qué lugares de vuestro barrio o localidad no tendría ningún problema? ¿Qué medidas se han tomado para evitarlos?
- Haced una lista de personas que pueden verse perjudicadas por estas barreras.
- Investigad qué medidas arquitectónicas se pueden llevar a cabo para eliminar las barreras.
- Diseñad entre todos un póster para la campaña de «Eliminación de las barreras arquitectónicas» de vuestra localidad.

El futuro depende de mí

TÚ ERES EL PROTAGONISTA

La ciencia y la tecnología han avanzado tanto en el último siglo que actualmente están disponibles técnicas y máquinas que hace pocos años se veían en películas de ciencia-ficción.

La investigación sobre la posibilidad de viajar al futuro ha interesado a muchos científicos a lo largo de la historia, ya que estos viajes permitirían conocer con antelación cómo nuestros actos del presente afectan a nuestra vida en el futuro.

Aún no se ha descubierto la máquina capaz de hacer ese viaje maravilloso, pero no nos hace falta para saber que nuestras acciones del presente marcarán nuestro futuro, y que, por tanto, nosotros podemos construir ese futuro.

Para aprender a convivir con los demás necesitamos imaginar el futuro. Y para reflexionar sobre el mundo que queremos podemos hacernos algunas preguntas:

- ¿Qué puedo hacer yo?
- ¿Qué podemos hacer todos?
- ¿Quién es responsable?

Todos somos protagonistas de lo que ocurre a nuestro alrededor. Nuestra participación activa marca una diferencia. En esta parte de la unidad intentaremos describir en qué consiste esa diferencia. Gracias a cada uno de nosotros, el mundo puede ser mejor.

CUÉNTALO EN CASA

- Explica en casa lo que vamos a hacer en esta asignatura. Enseña a tus familiares el libro y revisa los temas que vamos a trabajar.
- Pídeles que te cuenten qué asignaturas estudiaban ellos cuando eran pequeños. ¿Cuál les gustaba más? ¿Por qué? ¿Qué asignaturas recogían estos temas?
- Viendo los temas del libro, ¿cuál te parece más interesante? ¿Qué preguntas te gustaría hacer?
- ¿Cómo pueden contribuir en casa para que seas un buen ciudadano?

ERES CAPAZ DE

Poner en marcha iniciativas solidarias

La ONU ha diseñado un calendario en el que se han señalado más de un centenar de fechas a lo largo del año para recordar los problemas más graves que tiene la humanidad y sensibilizar a todo el mundo sobre la necesidad de solucionarlos.

Pero nosotros tenemos que ir un poco más lejos. Debemos actuar todos los días y poner en práctica iniciativas solidarias en cualquier momento que alguien lo necesite.

Convivir significa preocuparse por los demás, ayudarlos y comprometerse a continuar haciéndolo mientras sea preciso.

Debemos dejar de ser espectadores y tener actitudes participativas y colaborativas.

Para empezar, podéis fijaros en unas cuantas celebraciones del calendario de la ONU; luego, leed de nuevo los derechos humanos y haced una propuesta de cinco fechas que podrían celebrarse en vuestro centro.

- **20 de febrero:** Día Mundial de la Justicia Social
- **8 de marzo:** Día Internacional de la Mujer
- **22 de marzo:** Día Mundial del Agua
- **7 de abril:** Día Mundial de la Salud
- **28 de abril:** Día Mundial de la Seguridad y Salud en el Trabajo
- **15 de mayo:** Día Internacional de la Familia
- **31 de mayo:** Día Mundial Sin Tabaco
- **5 de junio:** Día Mundial del Medio Ambiente
- **12 de junio:** Día Mundial contra el Trabajo Infantil
- **20 de junio:** Día Mundial de los Refugiados
- **12 de agosto:** Día Internacional de la Juventud
- **15 de septiembre:** Día Internacional de la Democracia
- **21 de septiembre:** Día Internacional de la Paz
- **2 de octubre:** Día Internacional de la No Violencia
- **17 de octubre:** Día Internacional para la Erradicación de la Pobreza
- **16 de noviembre:** Día Internacional para la Tolerancia
- **20 de noviembre:** Día Universal del Niño
- **10 de diciembre:** Día de los Derechos Humanos
- **18 de diciembre:** Día Internacional del Migrante
- **20 de diciembre:** Día Internacional de la Solidaridad Humana

Preparad un escrito para explicar vuestra elección.

Haced una lista de posibles actos conmemorativos.

Organizad alguna actividad para las fechas elegidas.

- Elegid los invitados a vuestro acto.
- Distribuid las tareas en el grupo.
- Pensad formas de obtener dinero para llevar adelante vuestro proyecto.

- ¿Crees que un calendario como el de la ONU es importante? ¿Por qué?
- ¿Por qué crees que la ONU quiere recordar esas fechas?
- ¿Te comprometerías de verdad en una iniciativa solidaria?

2 Lo importantes que somos

Todo ser humano tiene derecho a la vida. Eso significa no solo sobrevivir sino también tener derecho a crecer, a ser libre y tomar las propias decisiones.

Es importante saber quiénes somos, y qué imagen damos a los demás, para que nuestras relaciones con los otros sean sinceras y nos sintamos a gusto.

Aprender a conocernos y a aceptarnos es importante para desarrollar una autoestima positiva y ser más felices.

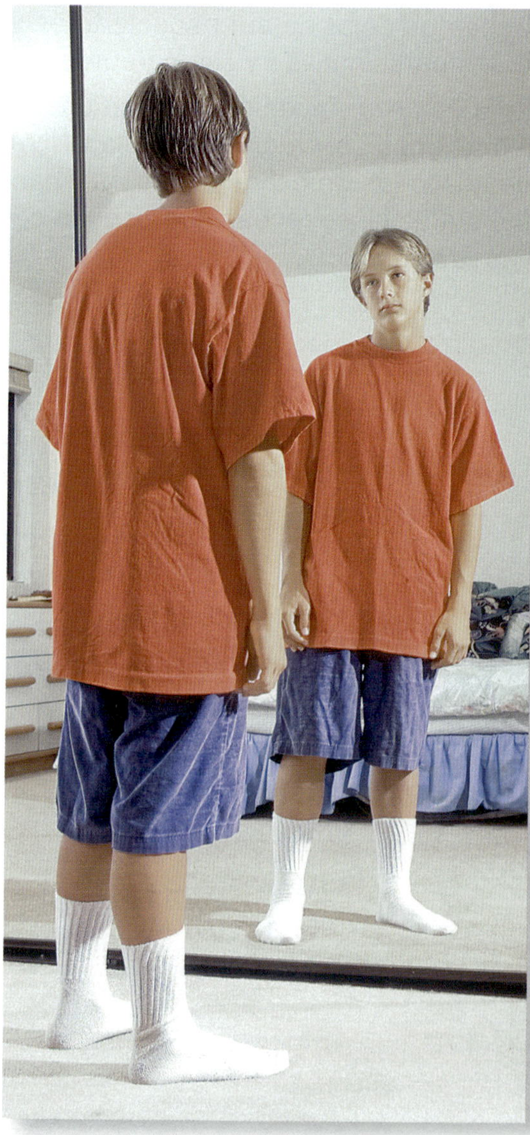

Artículo 1

Todos los niños son libres y cada uno debe ser tratado equitativamente. Todos tienen razón y conciencia y deben comportarse amistosamente los unos con los otros. (Adaptado.)

¿Qué tienes en tu interior?

Las matrioskas son unas muñecas tradicionales rusas. Son de madera, pintadas de colores brillantes y están huecas.
Al abrirlas se lleva uno una sorpresa, porque tienen otra muñeca igual, pero más pequeña, en su interior, y esta alberga otra, y así sucesivamente. Nosotros también escondemos secretos. Detrás de lo que ven los demás a primera vista tenemos pensamientos y sentimientos que solo compartimos algunas veces con las personas a las que queremos mucho.

Cada ser humano es único e irrepetible. Nuestras características físicas, nuestra personalidad, nuestra manera de sentir y de pensar nos hacen diferentes. Pero las diferencias no hacen a unos superiores a otros.

VAS A APRENDER

- Que todas las personas somos importantes.
- Que cada uno de nosotros es diferente y tiene su propia personalidad.
- Que madurar implica asumir responsabilidades.
- Cómo expresar algunos sentimientos para que me conozcan mejor.
- A plantear algunas expectativas y sueños de futuro.

EN GRUPO

- Preparad un test con las siguientes preguntas. Contestadlas por separado y luego comparad.
  - ¿Relacionarte con otras personas te parece fácil o difícil?
  - ¿Cuál es la mayor alegría de tu vida?
  - ¿Cuál es tu afición favorita?
  - ¿Qué te pone triste?
  - ¿Cuándo te sientes seguro?
  - ¿Qué te da más miedo?
  - ¿Qué quieres ser de mayor?
  - ¿Qué es lo que más te importa en la vida?
  - ¿Qué es lo que más te gusta recordar?
- ¿Qué preguntas puedes compartir con tus compañeros?
- ¿Cuáles son más íntimas y solo las compartirías con tus mejores amigos?
- Elige cinco adjetivos que te definan.

En la piel del otro

¿Qué significa ser normal?

Seguramente alguna vez te has comparado con tus compañeros y te has preguntado en qué te pareces y en qué te diferencias. Es difícil definir qué es «normal», sobre todo porque es un concepto que cambia con los países y las culturas, a veces, hasta con los barrios de una misma ciudad. Lee los testimonios de estas páginas; tal vez reflexionando sobre ellos con tus compañeros podáis dar vosotros mismos esa definición.

Hay más parecidos que diferencias

Soy un chico como tú. Puedo reír, hablar, oír, aprender y razonar. Respiro como tú. Tengo hambre como tú, y necesito que me quieran y me respeten como tú.

Lo que me diferencia de ti es que tengo una cara algo especial, que mis brazos y mis piernas son un poco más cortos que los tuyos y que no soy capaz de hacer algunas cosas del libro que tú sí puedes hacer.

(Antonio, 10 años)

¿Soy normal?

Creo que siempre voy por detrás de mis amigas. Ellas están tan desarrolladas, parecen más mayores que yo. Tengo muchos problemas de crecimiento. Solo se nota que soy una chica por mi pelo largo.

(Luisa, 13 años)

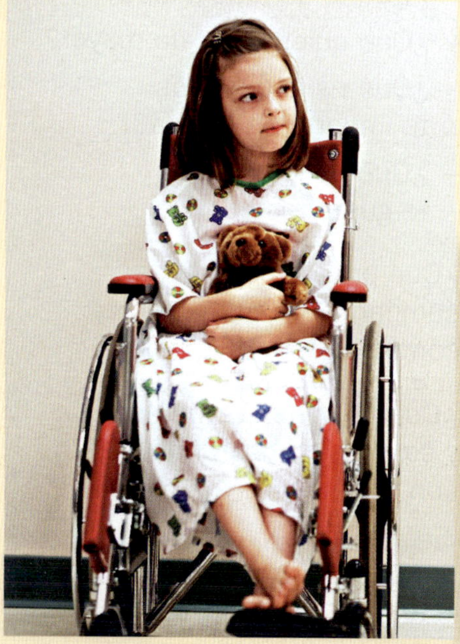

Lo fácil se vuelve difícil

Algunas veces envidio a los que van a los restaurantes y pueden comer solos, mientras que yo necesito que alguien me ayude. A veces noto que las personas me miran con lástima y la verdad es que no me gusta, porque no soy tan diferente. Yo sé quién soy.

(Ana, 8 años)

Demasiadas emociones

Todos los días nos enfrentamos a situaciones que provocan en nosotros emociones y sentimientos, como, por ejemplo, miedo, alegría, cólera, tristeza o deseo de venganza.

Algunas veces somos conscientes de estas emociones, pero en otras ocasiones no nos damos cuenta de ello y somos incapaces de poder expresar lo que estamos sintiendo. Las palabras se nos quedan cortas de significado y tendemos a expresarlas con nuestro cuerpo.

Me siento...		Me siento...	
Desesperado	Afligido	Sereno	Asombrado
Feliz	Interesado	Alegre	Maravillado
Esperanzado	Divertido	Tranquilo	Estupefacto
Curioso	Atento	Tolerante	Envidioso
Impaciente	Temerario	Servicial	Irritado
Entusiasta	Insensible	Obediente	Aterrorizado
Sociable	Resentido	Tímido	Solitario
Aburrido	Melancólico	Asustado	Nervioso
Infeliz	Indeciso	Vivo	Fuerte
Solo	Acompañado	Enfermo	Sano

EN GRUPO

- Clasificad los sentimientos anteriores en positivos y negativos.
- Algunos podrían estar en las dos listas. ¿Cuáles son? Razonad vuestra respuesta.
- Los sentimientos que habéis clasificado se corresponden con emociones; por ejemplo, si digo «me siento sereno», significa que siento serenidad, si digo «me siento desesperado», siento desesperación. Completad la lista.

PARA MI REFLEXIÓN

- ¿Eres normal? ¿Cómo te ves frente a tus compañeros? Haz una lista de cosas en las que te sientes diferente. Compara tu lista con la de tus compañeros.
- ¿Hay cosas que hacen los demás y tú no puedes hacer? Piensa qué puedes hacer para conseguirlo y qué ayuda necesitas.
- ¿Qué testimonio te ha llamado más la atención? ¿Son de verdad diferentes? ¿Qué te hace diferente a ti de tus compañeros?
- Piensa ahora en algunas otras discapacidades que puedan afectar a un niño o niña como tú. Ponte en su lugar y explica como te gustaría que te trataran los demás.
- Explica el significado de la frase «Yo sé quién soy».
- Escribe cuatro adjetivos que te definan en pegatinas de colores. Te será más fácil si cada uno responde a una de estas preguntas: ¿Cómo soy? ¿Cómo pienso? ¿Qué siento? ¿Cómo me relaciono? Puedes pegarlos todos en una hoja bajo el rótulo de **Quién soy**. A partir de esas palabras intenta escribir tu autorretrato, incluso puedes dibujarte a ti mismo.

Crecer no es solo ganar altura

Las etapas del crecimiento

A veces nos gustaría crecer más deprisa. Pero convertirse en adultos lleva tiempo y tenemos que pasar por distintas etapas. En cada una vamos afrontando nuevos desafíos, y no siempre es fácil.

Construimos nuestra personalidad

Aunque recorrieras todo el mundo, no encontrarías una persona como tú. Desde que nacemos somos diferentes y durante nuestro crecimiento se va manifestando nuestra personalidad, ese modo de ser y de comportarnos que es propio de cada uno.

Pero muchas veces ocurre que las personas no están contentas consigo mismas, no se gustan, intentan cambiar, y a veces, incluso llegan a hacerse daño a ellas mismas, por ejemplo, dejando de comer o de relacionarse con los demás. Cuando maduramos nos damos cuenta de cómo somos, llegamos a conocernos y a aceptarnos. Esa es una meta a la que debemos aspirar.

Asumir más responsabilidades

Cuando crecemos adquirimos responsabilidades, o lo que es lo mismo, asumimos tareas, misiones, pequeños trabajos por los que debemos responder ante nuestros padres o nuestros profesores. Estas prácticas nos permitirán incorporarnos como ciudadanos responsables al mundo laboral, familiar o social en el que nos moveremos cuando seamos adultos.

Cuidado con los estereotipos

Los estereotipos son una especie de ideas muy simples, y a menudo negativas, que se usan para clasificar a personas, grupos o incluso países completos con una etiqueta.

Seguramente nos parecería absurdo que los habitantes de otro planeta al hablar de los terrícolas dijeran: «Son todos cabezotas, antipáticos, feos y muy poco inteligentes». Los estereotipos que muestran muy a menudo el cine y las series de televisión son algo parecido. Y no es nada raro que nosotros también lo hagamos con personas que son de cierto país, que tienen unas creencias, visten determinadas ropas, pertenecen a un equipo de fútbol o escuchan una música diferente.

Primero eras un bebé y necesitabas de toda clase de cuidados y atenciones. Fuiste creciendo y dijiste las primeras palabras, diste tus primeros pasos, dejaste de tomar solo leche y empezaste a comer otros alimentos, fuiste a la guardería, luego a la escuela. ¡Cuánta ropa se te ha quedado pequeña! ¿En qué otros cambios puedes pensar?

Tenemos necesidades

Tener qué comer o dónde dormir son cosas indispensables, pero para llevar una vida feliz hay que satisfacer además otras necesidades de distintos tipos:

- **Necesidades biológicas:** son las necesidades propias de nuestro cuerpo, como la alimentación, la higiene y salud o el ejercicio físico.
- **Necesidades socio-afectivas:** la necesidad de comunicación con otras personas y el sentirse parte de un grupo humano es una de las grandes necesidades de todos. Sentirse seguro, respetado, querido, apreciado y valorado por los que nos rodean es imprescindible.
- **Necesidades intelectuales:** para desarrollarnos como seres humanos necesitamos realizar actividades relacionadas con la razón y el pensamiento: aprender en la escuela, leer un buen libro, preparar una tarea o resolver diferentes situaciones son algunas de ellas.
- **Necesidades morales y espirituales:** las creencias morales y religiosas ayudan a dar sentido a las grandes cuestiones de la vida, a regular las conductas y a entenderse a uno mismo.

Las campañas de vacunación son una medida para prevenir enfermedades. ¿Recuerdas si te han puesto alguna? Investiga qué vacunas son necesarias a tu edad. En muchos lugares del mundo no son accesibles. Averigua qué enfermedades se podrían evitar si se generalizase el uso de las vacunas.

Creamos nuestra escala de valores

Las cosas que necesitamos nos parecen importantes y por eso les damos un valor. Al crecer, vamos ordenando estas cosas según nuestra propia escala de valores. Pero aparte de estos valores individuales, existen unos valores generales que deben protegerse y respetarse en todas las culturas y los países. Por eso se recogen en las leyes y constituciones y deben defenderse para que lleguen a todas las personas.

La justicia, la libertad, la seguridad de todos los ciudadanos y la búsqueda del bien común son los valores básicos sobre los que se basa la Constitución española.

VOCABULARIO

Identidad: Conjunto de rasgos de un individuo o de una colectividad que los caracterizan frente a los demás. Es la conciencia que una persona tiene de ser ella misma y distinta a las demás.

Personalidad: Conjunto de características o cualidades distintivas de una persona.

Autoestima: Valoración generalmente positiva de uno mismo.

REFLEXIONAMOS

- Realizad una lluvia de ideas sobre lo que significa crecer.
- ¿Qué responsabilidades tienes que ir asumiendo en este curso? ¿Cuáles son las más importantes?
- Elige una de ellas, y explica cómo puedes organizarte para llevarla a cabo de forma eficaz.
- ¿Qué cosas son más importantes para ti? Explica los motivos de tu elección. Clasifícalas por orden de importancia.
- ¿Qué cosas dependen de tu familia, tus amigos y quienes te rodean?

entre todos

VOCES

Juegos y realidad

Hace poco en los periódicos se han publicado dos noticias protagonizadas por niños.

En la primera se cuenta un suceso muy triste sucedido en una ciudad española: una niña de once años murió al caer desde un quinto piso. Estaba jugando con una amiga a Mary Poppins y saltó por la ventana con el paraguas abierto para enseñarle lo deprisa que bajaba a la calle. El Servicio de Emergencia acudió rápidamente, pero no pudieron hacer nada, ya que la niña estaba mortalmente herida por el golpe.

La segunda es una buena noticia: en Brasil, un niño de cinco años que jugaba disfrazado de *Spiderman* salvó de morir en un incendio a un bebé de veintidós meses, rescatándolo de las llamas.

El niño declaró que cuando sea mayor quiere ser bombero.

Fuente: Agencia EFE

RINCÓN DIGITAL

¿Cuántos superhéroes conoces? ¿Crees que pueden influir en la conducta de los niños más pequeños? Haz una colección de superhéroes y describe qué valores los caracterizan. Los videojuegos de la *gameboy* o de la *play* también proponen *roles* que pueden ser imitados por los niños con mucha fuerza. ¿Conoces algunos?

BIOPOEMA

Lo que más me gusta en una persona es...
Lo que menos me gusta de una persona es...
En casa me llevo mejor con...
Cuando sea mayor quiero ser...
Me río cuando...
Me pongo triste si...
Las cosas que más me gusta hacer son...
Soy fan de...
El programa de TV que me gusta es...
Mi gran preocupación es...
Lo que más me importa es...
Me pongo triste si...
Mis mejores amigos y amigas son...
Deseo que...

TRABAJO PRÁCTICO

¿Qué nos hace ser como somos? Muchas cosas nos ayudan a crecer como adultos. Algunas nos influyen más que otras. En el dibujo encontrarás algunas de las cosas que son importantes a la hora de entender el mundo y a nosotros mismos, como los amigos o la escuela. ¿Qué otras personas o situaciones influyen en nuestra forma de pensar? Poned ejemplos de decisiones que tomamos ayudados por todas ellas.

- Las noticias de prensa a veces se hacen eco de accidentes ocurridos por intentar hacer realidad lo que vemos en la ficción.
  - En las dos noticias podéis ver dos situaciones opuestas. Describid cada una de ellas. ¿Por qué son diferentes?
  - ¿Cuál es el motivo por el que las personas intentamos ser alguien que no somos?
  - Haced un listado de personajes o acciones que la televisión nos muestra como «antihéroes» o «los malos». ¿Qué consecuencias puede tener imitarlos?
- Las frases inacabadas del «biopoema» nos ayudan a contar quiénes somos con un lenguaje poético... Completad cada uno las etiquetas del «biopoema» y compartidlas. ¿Podríais inventar en grupos un «biopoema» que hiciera un retrato de vuestro grupo de amigos o de vuestra clase?

El futuro depende de mí

ALCANZAR LA META

Fantasías, sueños y metas

En muchos lugares existe la costumbre de pedir un deseo al apagar las velas de la tarta de cumpleaños. Cerramos los ojos y deseamos algo con mucha fuerza. Soñamos despiertos cosas más difíciles. Seguramente algunos niños de la época griega y romana soñaron con poder llegar un día a viajar por el espacio. ¿Te das cuenta de que tú has visto hecho realidad lo que otro niño soñó hace siglos?

Tener un sueño

Seguramente muchas personas adultas te habrán preguntado ya qué quieres ser de mayor. Para poder contestar adecuadamente es importante que conozcas bien tus aficiones, tus gustos, tus ilusiones, el modo en que abordas una tarea, tus habilidades. Aunque todavía es pronto para tomar decisiones firmes para el resto de tu vida, sí es el momento de comenzar a pensar en las posibilidades que tienes y cuáles son los caminos que puedes elegir.

Fijarse unas metas

Imaginar el futuro ayuda a fijar unas metas. Es el motor de nuestras vidas y nuestras ilusiones. Nos permite orientar nuestro esfuerzo, y vencer las dificultades que se presentan en el camino. También nos sirve para pedir ayuda a otras personas y buscar los medios necesarios para conseguir lo que deseamos.

CUÉNTALO EN CASA

- Pide a tus padres que te digan qué esperan de ti, qué expectativas de futuro han pensado para ti.
- Explícales cuál es tu sueño de futuro, por qué lo has elegido y cómo piensas conseguirlo. ¿Cómo crees que pueden ayudarte?
- ¿Qué cosas os gustaría hacer todos juntos en el futuro? ¿Cuáles son posibles? ¿Cuáles dependen de ti?

Cumplir un sueño

¿Crees que tus sueños nunca pueden hacerse realidad? Pues a veces se cumplen, pero para eso hay que poner empeño, ilusión y constancia. No todos podemos llegar a ser famosos, pero sí seguir el ejemplo de tantas personas de todos los oficios y profesiones que han conseguido lograr sus metas.
Un ejemplo es el de Fernando Alonso, campeón de Fórmula 1.

Fernando Alonso

Fernando Alonso Díaz nació el 29 de julio de 1981 en Oviedo, hijo de un maestro industrial y de una dependienta.
Es una persona joven con un reconocimiento mundial como piloto de Fórmula 1. Cuenta que a los tres años su padre le construyó un kart a medida. Era un simple juguete, pero Fernando le cogió tanto gusto que empezó a practicar diariamente y participar en carreras.
Su padre se dio cuenta de que tenía buenas cualidades para ser piloto de carreras y juntos prepararon un plan de trabajo y fijaron unas metas. Continuó estudiando como cualquier chico de su edad mientras seguía entrenando y ganando carreras con los karts. Fue campeón infantil de Asturias a los siete años. Así continuó hasta los once, cuando pareció que su sueño iba a terminar. Sus padres no tenían dinero para comprar un kart y competir en Europa.
Sin embargo, un importador de karts se interesó por las cualidades de Alonso y empezó a ayudarle con los coches y los patrocinadores. Su carrera empezó a lanzarse y pronto se codeó con los mejores. Alonso es hoy en día un campeón de la Fórmula 1 que ha conseguido su sueño.

PARA MI REFLEXIÓN

- Imagínate dentro de 20 años...
  - ¿Qué estarás haciendo?
  - ¿Qué harás en vacaciones?
  - ¿Qué trabajo te gustaría realizar?
  - ¿Qué otras actividades harás?
  - ¿Qué necesitarás hacer a lo largo de los próximos años para que eso se haga realidad?
  - Dibuja cómo sería tu vida si se cumpliera tu sueño.
- ¿Qué cosas nuevas has aprendido de ti en este tema? ¿Qué sientes al descubrirlas? ¿Qué vas a hacer ahora?

Mi sueño

3 Derechos y obligaciones

Las normas de clase permiten que podamos convivir de forma respetuosa y ordenada en la escuela. Deben ser conocidas en los primeros días de clase y todos tienen que estar de acuerdo con ellas. Se elaboran para facilitar la convivencia.

Respetar las normas es una labor de todos. A veces hay que modificarlas porque se quedan anticuadas o ha cambiado la situación y ya no tienen sentido.

Artículo 29

Tienes obligaciones con la comunidad puesto que solo en ella puede desarrollarse bien tu personalidad. La ley debe proteger los derechos humanos. Debe permitir a cada uno respetar a los demás y ser respetado. (Adaptado)

- **¿Qué normas hay en tu clase? ¿Crees que son justas?**
- **¿Cambiarías algunas? ¿Añadirías alguna otra?**
- **¿En qué otros lugares hay normas?**
- **¿Qué consecuencias tiene no cumplir las normas?**

¿Se puede vivir sin ley?

Se cuenta que, antiguamente, los persas tenían la costumbre de pasar cinco días en la anarquía cuando moría su rey. Eso significaba que durante este tiempo no había poder ni autoridad, lo que causaba situaciones de descontrol, violencia, robos y asesinatos. La finalidad de esta costumbre era que los ciudadanos sintieran la necesidad de nombrar a un nuevo rey y de respetar sus leyes.

Si no hubiera leyes, cada uno obraría según su voluntad y sus intereses y nuestra sociedad sería un caos. Esto se comprueba en situaciones desesperadas, cuando algunas personas se saltan las normas pensando egoístamente en solucionar su problema.

Además de legislar, los gobiernos regulan instituciones y mecanismos para ayudar a todos, y también sancionan a quienes no cumplen las leyes.

Jueves, 1 de septiembre de 2005

SAQUEOS TRAS EL HURACÁN 'KATRINA'

Nueva Orleans, ciudad sin ley

El alcalde de la localidad se ha visto obligado a decretar la ley marcial y restar efectivos de las tareas de rescate para ocuparse del pillaje.

ELMUNDO.ES | AGENCIAS-NUEVA ORLEANS (EEUU).

El pillaje es una de las principales preocupaciones de las autoridades de Nueva Orleans tras el paso del huracán Katrina. [...].
Ante esta situación, el alcalde ha ordenado a 1.500 policías que eviten los saqueos, abandonando sus tareas de rescate de supervivientes.
[...]

El alcalde había indicado poco antes que era explicable que algunas personas irrumpieran en los comercios para obtener alimentos o agua, que han comenzado a escasear. «Los saqueos comenzaron con gente que no tenía alimentos y eso no se puede discutir demasiado. Pero esto se ha convertido en un caos masivo en el que la gente está robando artículos electrónicos, armas, joyas [...]

VOCABULARIO

Normas: reglas de comportamiento dictadas entre todos o por una autoridad competente.

Leyes: normas jurídicas establecidas por los legisladores.

Anarquía: carencia de autoridad y leyes.

PARA MI REFLEXIÓN

- ¿Por qué son importantes las normas y las leyes?
- Nombra dos normas que tengas en casa. ¿Son necesarias para la convivencia con tu familia? ¿Qué ocurriría si no estuvieran?
- ¿Qué normas hay en nuestra sociedad que todos debamos cumplir? ¿Están legisladas? ¿Qué sanción pueden ponernos si no las cumplimos?

VAS A APRENDER

- Que las normas son necesarias para la convivencia.
- Que cuando no se respetan las normas se aplican multas y sanciones.
- Que tenemos una responsabilidad con los demás.
- Que las responsabilidades cambian con la edad.
- Cuáles son tus derechos y obligaciones.
- A asumir las consecuencias de tus actos.

En la piel del otro

Tomar decisiones

Muchas veces tenemos que tomar decisiones que nos hacen pensar y realizar actos de los que más tarde podemos sentirnos orgullosos o avergonzados. No es fácil tomar decisiones, pero iremos aprendiendo a hacerlo a lo largo de nuestra vida.

Lo importante es razonar por qué tomamos una decisión y reflexionar sobre todas las consecuencias positivas y negativas que puede tener.

Derecho a descansar

Francisco llevaba muchos años viviendo en la misma casa con su familia. Un día empezaron unas obras en el local que había en el bajo de su vivienda, donde iban a montar una cafetería. Tras su inauguración, Francisco y su familia comenzaron a notar los primeros problemas, ¡el ruido era enloquecedor!

Francisco intentó dialogar con los dueños de la cafetería y pedirles que insonorizaran el local, pero fue recibido con malos modales y le dijeron que «ese no era su problema».

Francisco y su familia defendieron su derecho a descansar en su casa con denuncias a la policía local pero no sirvieron de nada, el ruido no cesaba. Finalmente, tras pasar muchos meses sin poder dormir, decidieron vender su casa y mudarse a otro barrio. ¿Hay derecho a esto?

Hay que pasear al perro

Juan tiene once años y durante mucho tiempo ha estado pidiendo a sus padres que le permitieran tener un perro. Sus padres se negaban porque no les parecía adecuado tener un animal en un espacio cerrado, además de que supone un gasto económico y una gran responsabilidad. Al final, Juan los convenció, prometiendo que se haría responsable de alimentar al animal y de llevarlo al veterinario y que lo sacaría a pasear tres veces al día. Los primeros meses Juan cumplió con su responsabilidad, pero muy pronto se cansó y ahora su padre es quien se encarga de sacar al perro, a pesar de que llega a casa tarde y cansado. Juan dice que no es su problema.

¿Sincero o chivato?

José Luis está nervioso e indeciso. Su conciencia le dice qué tiene que hacer, pero también hay razones que le invitan a que calle y olvide.

Ayer presenció cómo dos compañeros, Antonio y José, rompían de forma accidental una de las puertas del baño. Estaban jugando y uno de ellos empujó al otro con tan mala suerte que su cuerpo golpeó la chapa central y la puerta se partió. Enseguida salieron corriendo.

Al regresar a clase, la profesora preguntó quién había roto la puerta. Nadie respondió, pero ella sospechó que había sido Eddy, un niño bastante travieso que suele causar problemas. Es probable que si Eddy no demuestra que no tiene culpa, le castiguen.

José Luis se debate entre confesar la verdad y ser acusado de chivato. Además perderá la amistad de sus dos compañeros.

EN GRUPO

- **Estudiad y analizad los tres casos que se presentan:**
  - Haced una lista de las consecuencias que el acto del protagonista puede tener en cada caso.
  - ¿Qué hubiera pasado si toma otra decisión?
  - ¿Mejora la decisión tomada por el protagonista las relaciones con los demás?
  - ¿Cómo deben sentirse cada uno de los protagonistas?
  - Conociendo la situación personal de cada uno, ¿qué gana o qué pierde con su acción?
- **¿En qué caso creéis que se obró correctamente? ¿Qué hubierais hecho en su lugar? ¿Conocéis otros casos similares?**
- **Colocad por orden de importancia las cosas que tenéis en cuenta cuando tomáis decisiones:**
  - Respeto por uno mismo y por los demás.
  - Honestidad.
  - Lo que piensan los amigos.
  - Tolerancia.
  - Analizar bien la situación.
  - Ver las cosas con claridad.
  - Imparcialidad.
  - Mis ideas son correctas, los demás se equivocan.
  - Intentar cubrir las espaldas.

PARA MI REFLEXIÓN

- Piensa en los momentos en que tenéis que tomar una decisión difícil y pides consejo a alguien. Explica qué personas te influyen más y por qué.
  - Madre
  - Padre
  - Tu hermano o hermana mayor
  - Abuelos
  - Maestro o maestra
  - Otros adultos
  - Tu mejor amigo o amiga
  - Otros amigos

Derechos y responsabilidades

La ley nos protege y nos exige

Las leyes sirven para proteger los derechos que tenemos los ciudadanos y también para exigir que cada uno cumpla con sus deberes o responsabilidades. Entre estos deberes está el de respetar la propia ley. Los niños y jóvenes tienen el deber y el derecho de ir al colegio todos los días.

Los niños son las personas más vulnerables de la sociedad y dependen de sus padres para poder crecer seguros y tener lo necesario para vivir. En muchos lugares de la tierra los niños carecen de derechos que disfrutamos nosotros. Todos los días pueden leerse noticias sobre niños que no pueden asistir a la escuela o sobre niños que son obligados a trabajar.

En 1989 la ONU promulgó la Convención de los Derechos del Niño con la participación de más de 20 países. En la actualidad, los derechos de los niños se han recogido en muchas legislaciones.

Cada país fija una edad diferente para responsabilizarlos de sus acciones y ejercer sus derechos. En el cuadro de la derecha puedes comparar varios países.

Ir a la escuela y estudiar es un derecho y un deber de los niños y jóvenes.

Edad de responsabilidad criminal

País	Edad
España	16
Bélgica	18
Francia	13
Italia	14
Canadá	12
Estados Unidos	7*
Alemania	14
Reino Unido	10
Australia	10

* En muchos estados.

Las responsabilidades cívicas

Los ciudadanos tienen algunas responsabilidades que deben cumplir, aunque la ley no exige su cumplimiento, como, por ejemplo, votar en las elecciones.

Los Derechos del Niño se reconocen durante el tiempo que tardan en madurar hasta convertirse en adultos, y tienen unas responsabilidades asociadas. Si los niños tienen derecho a la educación, su responsabilidad es asistir a la escuela todos los días.

La Organización de las Naciones Unidas (ONU) es un organismo internacional que vela por el cumplimiento de los derechos humanos y propone acciones de ayuda en aquellos países donde se incumplen.

Los derechos y responsabilidades de los alumnos

Todas las escuelas cuentan con un reglamento que fija los comportamientos que los alumnos deben tener mientras permanezcan en las instalaciones. Estas normas se recogen en un documento llamado Reglamento de Régimen Interior, que es aprobado por el Consejo Escolar del centro. En el Consejo Escolar te encuentras representado por la dirección del centro, los profesores, los padres, el personal no docente del colegio y los representantes de los alumnos.

En el colegio también hay un documento muy importante que contribuye a mejorar las relaciones en el centro. Es el Plan de Convivencia.

Los derechos de los padres

Los padres son los máximos responsables de la atención de sus hijos mientras estos crecen.

Tienen los siguientes derechos y responsabilidades:

Derechos

- Elegir el tipo de educación que desean para sus hijos.
- Que sus hijos reciban una enseñanza obligatoria y gratuita.
- Elegir la educación religiosa para sus hijos.
- Decidir cómo educar a sus hijos: la disciplina y los castigos (siempre que no supongan abusos físicos o psíquicos).
- Elegir el mejor tratamiento médico para sus hijos.

Responsabilidades

- Tener una casa donde vivir.
- Alimentar, vestir y cuidar a sus hijos.
- Administrar medicamentos a sus hijos cuando estén enfermos.
- Llevar a sus hijos a la escuela.
- Educarlos correctamente.

REFLEXIONAMOS

- **¿Qué responsabilidades tienes? ¿Es difícil cumplir con ellas?**
- **¿Qué puedes hacer para que esas responsabilidades no supongan una carga más en tus tareas diarias?**
- **¿Cómo te sentirías si te quitaran de repente tus derechos básicos de alimentación, ropa o vivienda?**
- **¿Qué debemos hacer cuando sepamos que esos derechos están siendo vulnerados?**
- **¿Qué mecanismos ponen los gobiernos para que los padres puedan ejercer sus derechos?**
- **¿Qué instituciones pueden ayudar a los padres cuando estos no pueden cumplir con sus responsabilidades?**
- **¿Qué derechos tienes en tu escuela? ¿Cuáles son tus responsabilidades?**

Diario de un naufragio

15 de noviembre de 2008

Han pasado dos semanas y hemos decidido que hay que dejar de lamentarnos nuestra mala suerte por el hundimiento del velero y poner manos a la obra. Seguro que alguien nos encuentra tarde o temprano.

Durante todo este tiempo nos hemos limitado a esperar que alguien nos rescatara. Nos protegemos del frío en una cueva y nos alimentamos de frutas y raíces. Pero no podemos seguir así. Tenemos que empezar a mejorar nuestra vida en la isla.

Mi mujer y Laura, mi hija de diez años, han estado recogiendo los objetos y ropas que el mar ha devuelto tras el accidente. Mi hijo Adrián y yo hemos decidido probar suerte con la pesca y no nos ha ido del todo mal.

Esta tarde hemos estado recogiendo viejos troncos. Mañana intentaremos hacer una choza junto a la playa y prepararemos señales para poder ser vistos desde el cielo.

TRABAJO PRÁCTICO

Imaginad que estáis en la isla. Habéis subido a la montaña más alta y solo podéis ver agua a vuestro alrededor. Estáis en una isla desierta sin adultos. Tenéis que empezar a tomar decisiones que os permitan sobrevivir hasta que lleguen a rescataros.

- Necesitáis un líder, alguien que dirija y oganice al grupo:
  - ¿Qué cualidades pensáis que debe tener un líder? ¿Por qué?
  - ¿Qué puede ocurrir si no reúne alguna de las cualidades?
  - ¿Quién de vosotros las reúne?
  - ¿Qué pasa si varios de vosotros reunís esas cualidades? ¿Cómo vais a solucionarlo?
  - ¿Qué pasaría si no hubiese ningún líder?
- Necesitáis normas para participar todos de forma democrática en las decisiones.
  - ¿Qué normas pondríais?
  - ¿Qué pasa si las normas no están aprobadas por todos?
  - ¿Qué medidas tomaréis si alguien se salta las normas?
  - ¿Estas medidas son diferentes según el tipo de norma rota o la persona que lo haga?
- Necesitáis una organización.
  - ¿Cómo pensáis que debe distribuirse el trabajo en la isla?
  - ¿Hay algún trabajo que todo el mundo pueda realizar?
  - ¿Hay trabajos que solo pueden hacer algunas personas porque requieren alguna cualidad o capacidad?
  - ¿Quién va a distribuir los trabajos?
  - ¿Cómo habéis distribuido el trabajo?
  - ¿Qué características ha visto en cada uno a la hora de tomar su decisión?
- Pensad en las necesidades que van a surgir y organizad los recursos y acciones.
  - Cómo protegerse del frío, las lluvias y tempestades.
  - Cómo alimentarse.
  - Cómo organizar el tema sanitario.
  - Cómo organizar el posible rescate.
  - ¿Cómo afecta la convivencia según las medidas que se adopten?
- ¿Cuáles son los problemas que más frecuentemente pueden darse? ¿Cómo se pueden solucionar?

El futuro depende de mí

PREVENIR LOS CONFLICTOS

Derechos en conflicto

Todas las personas tenemos derechos que a veces pueden chocar con los derechos de otras personas. Se dice que los derechos entran en conflicto cuando surgen problemas de convivencia; por ejemplo, tú tienes el derecho a escuchar música en tu habitación, pero tus padres tienen derecho a algo de tranquilidad y silencio cuando están en casa.

¿Qué puedo hacer yo?

Cuando nuestros derechos entran en conflicto con los derechos de otros, ambas partes necesitan llegar a un compromiso. Esto significa que todos deben hacer un esfuerzo para entender las necesidades de los otros y llegar a un acuerdo, cediendo cada uno un poco.

¿Qué podemos hacer juntos?

Una forma de prevenir los conflictos es participar en la elaboración de las normas que nos rigen a todos. En clase podemos ponernos de acuerdo sobre cuáles son las cosas imprescindibles para que se respete a todo el mundo, y cómo sancionaremos a quienes no las cumplen. En la vida ciudadana participamos eligiendo representantes que expresen nuestras necesidades en las instituciones que toman decisiones sobre la vida común.

CUÉNTALO EN CASA

- Los derechos particulares pueden entrar en conflicto con los derechos de los demás.
  - ¿Qué situaciones pueden crear un conflicto de derechos entre padres e hijos?
  - ¿Cómo se puede solucionar? ¿Qué compromisos exigen por ambas partes?
  - ¿Qué responsabilidades tienes en casa? ¿Es adecuada esta responsabilidad a tu edad?
  - ¿Qué ventajas tiene ser responsable?
  - ¿Qué ocurre cuando no cumples con tus responsabilidades?

ERES CAPAZ DE

Distinguir derechos y obligaciones

Los niños pequeños necesitan muchos cuidados: la alimentación, el vestido, la higiene o los cuidados médicos. Con el paso de los años aprenden a hacer solos algunas de esas cosas: tú ya no necesitas ayuda para vestirte, ducharte, cortar la carne o pelar una fruta. Son actividades que se aprenden con ayuda de los adultos y que nos van haciendo cada vez más independientes.

Con el tiempo, además de cuidar de nosotros mismos somos capaces de hacer cosas para los demás. De la misma manera, al crecer y madurar, dejamos de ser egoístas y pensar solo en nuestros derechos para empezar a dar nuestros primeros pasos como ciudadanos responsables, solidarios y comprometidos. Es el momento en que empezamos a cumplir nuestras responsabilidades.

Así es como la balanza de los derechos y responsabilidades se pone en funcionamiento.

EN GRUPO

- **Observad la imagen y contestad:**
  - ¿Qué derechos tienen estos niños?
  - ¿Qué tres cosas no pueden hacer todavía por sí solos?
  - ¿Qué responsabilidades tienen?
  - ¿Quién protege sus derechos?
- **¿Podéis pensar en alguna situación en que derechos y responsabilidades se enfrenten?**
- **Si alguien no cumple sus responsabilidades, ¿podría perder sus derechos?**
- **¿Cuándo es aceptable quitarle a alguien sus derechos? ¿Cuándo no lo es?**
- **¿A qué edad puedes...?**
  - Conducir un coche
  - Votar
  - Trabajar
  - Cuidar de tus hermanos
  - Ayudar en las tareas de casa
  - Salir a la calle solo
  - Tener llave de la puerta de casa
  - Hacer tu cama
  - Preparar la cena para la familia
- **Cuando seas mayor tendrás diferentes ocupaciones en tu comunidad.**
  Estas ocupaciones te permitirán usar estrategias que ya tienes y otras que irás adquiriendo. También tendrás más derechos pero llegarán con un incremento de responsabilidades:
  - En España puedes ejercer tu derecho a obtener el carné de conducir coches a los 18 años. ¿Qué cosas nuevas tendrás que aprender? ¿Qué responsabilidades exige el carné de conducir? ¿Qué crees que puede ocurrir si no cumples con tus responsabilidades?

4 Somos iguales

En la mayor parte de las épocas y culturas de la humanidad nacer mujer no ha sido una suerte. No han tenido reconocidos los mismos derechos que los hombres, y el único papel que se les ha dado ha sido ocuparse de las tareas necesarias en el hogar: preparar la comida, mantener la casa limpia, cuidar de la salud de la familia y criar a los niños.

No ha sido fácil para las mujeres poder acceder a la educación, y sin embargo, han colaborado para cambiar la historia, la cultura, la religión y conseguir muchos de los derechos que actualmente disfrutamos.

En nuestra época las cosas están cambiando. En nuestro país las mujeres están presentes en todos los campos de actividad laboral y desempeñan sus funciones con la misma profesionalidad que los hombres.

Artículo 23

Tienes derecho a trabajar, a elegir libremente tu trabajo y a cobrar un salario que te permita vivir y mantener a tu familia. Si un hombre y una mujer realizan el mismo trabajo, deben cobrar lo mismo. Todas las personas tienen derecho a asociarse para defender sus intereses. (Adaptado)

- ¿Qué diferencias puedes ver en estas dos fotografías?
- ¿Cómo crees que es la vida diaria de estas dos mujeres?
- ¿Cómo piensas que se sienten?
- ¿Cuál es su papel en la sociedad de cada tiempo?

Dos grandes personas

Los hermanos Jane y Benjamin Franklin nacieron en Filadelfia, Estados Unidos, en el siglo XVIII, en una gran familia de dieciséis hermanos.

Benjamin, que se marchó muy joven de su casa, con su esfuerzo y voluntad llegó a ser científico, inventor y político, de tal manera que está considerado como uno de los grandes hombres de la nación americana.

Jane también fue una gran mujer, pero de otra manera. Se casó muy joven con un hombre pobre y durante los veinticinco años siguientes tuvo un hijo cada dos años. Consumió su vida en cuidarlos y educarlos y se esforzó para sacarlos adelante trabajando junto a su marido. Cuando sus hijos crecieron se ocupó de sus propios padres, que ya eran muy ancianos, de sus hermanas solteras, de sus nietos. Vivió entregada a los demás, sin tener nunca ni un minuto para sí misma.

Los dos hermanos fueron trabajadores infatigables, pero la historia solo recuerda a uno de ellos.

EN GRUPO

- ¿Cómo era la vida de Jane? ¿Cómo transcurrió la vida de su hermano?
- ¿Qué hace que tengan vidas tan diferentes?
- ¿Qué responsabilidad tenía ella? ¿Y su hermano?
- ¿Piensas que Jane podría tener otros sueños?
- ¿Cómo han cambiado las mujeres esa situación?
- ¿Qué necesita la sociedad para continuar avanzando en la igualdad de la mujer?

VAS A APRENDER

- Cuál ha sido la situación de la mujer a lo largo de la historia.
- Los esfuerzos que se han realizado para conseguir una igualdad de sexos.
- Qué hay que conseguir todavía para que esa igualdad sea real.
- A defender la igualdad de sexos en la vida cotidiana.

En la piel del otro

Chicos y chicas

En la etapa de infantil, niños y niñas juegan y se mezclan en los grupos. Pero, si os fijáis un poco, os daréis cuenta de que a vuestra edad ya no sucede lo mismo. Los chicos y las chicas tienen diferentes intereses y quieren jugar a distintos juegos. A menudo se forman grupos separados, y, a veces, cuando estos grupos se mezclan, se ríen unos de otros. Se podría pensar que chicos y chicas vienen de diferentes planetas y que no tienen nada en común.

Melody

Mis mejores amigas son todas chicas, pero tengo muchos amigos que son chicos. Hay algunas cosas que no podría compartir con un chico. Ellos enseguida se burlan y se lo cuentan unos a otros.

Francisco

Todos los chicos de nuestra clase son tontos. Se pegan unos a otros, juegan a juegos estúpidos y siempre están presumiendo de ello. Yo soy más tranquilo, no me gusta el bullicio ni el juego físico. Prefiero quedarme con las chicas hablando o escuchando música.

Carla

Desde pequeña me gusta el fútbol y me divierto con ese juego. Lo practico siempre que puedo. Algunas de mis amigas creen que soy un poco chicazo.

Luis

En la escuela paso el tiempo con los chicos. En casa mi mejor amiga es una chica. Somos amigos desde que éramos pequeños. Si mis colegas me ven con ella, comienzan a reírse y a hacer ruiditos de besos.

Ana

Mi hermana gemela y yo somos idénticas. Nos gusta el mismo tipo de cosas y nos sentimos bien cuando vamos juntas. Pero cuando estamos con nuestros amigos, actuamos como si nos odiáramos una a la otra.

Pedro

Las chicas se lo tienen muy creído. Piensan que son más listas e inteligentes que los chicos. Cuando hablamos con ellas nunca miran a los ojos y enseguida se ruborizan. Esto es muy fastidioso.

PARA MI REFLEXIÓN

- ¿Cómo son tus relaciones con tus compañeros del otro sexo?
- Seguramente muchos de vosotros jugabais juntos en infantil, ¿has notado este curso diferencias en la manera de relacionarte con el otro sexo?
- ¿Con qué testimonio te identificas más? ¿Piensas lo mismo? ¿Por qué?
- Piensa en las cualidades que tienen los chicos y chicas, prepara una lista de cada uno y compáralas. ¿Son tan grandes las diferencias? ¿Cómo se pueden solucionar?

Hacerse hombre y hacerse mujer

Desde que nacisteis vuestro cuerpo ha cambiado mucho y a partir de ahora cambiará aún más. El crecimiento es diferente en los chicos y en las chicas pues el cuerpo se va preparando para la vida adulta y para tener hijos en el futuro.

También hay grandes cambios en vuestra forma de comportaros, de pensar y de relacionaros. Estos cambios y la forma en que se asimilan son parte de la personalidad de cada uno. No se producen de la misma manera en todas las personas ni a una edad determinada ya que dependen de muchos factores como la alimentación, la salud general, los genes, la cultura, los modelos…

¿Todo lo que nos enseñan es cierto?

A nuestro alrededor vemos continuamente imágenes de chicos y chicas que la publicidad y los medios de comunicación presentan como ideales. Si las observamos con atención, podemos ver que a menudo presentan estereotipos: los chicos juegan al fútbol, boxean, practican deportes de riesgo, son atrevidos, valientes, truhanes, seductores. Las chicas parecen muy interesadas en la moda, en gustar, en seducir.

Para las mujeres es frecuente la imagen de la *superwoman*, la mujer que hace todo perfecto y llega a todo impecable, siempre de buen humor.

Pocas veces encontramos en las series y los dibujos ejemplos de familias donde la igualdad se vive de forma real.

EN GRUPO

- ¿Cuáles son los cambios físicos más representativos en chicos y chicas?
- ¿Estos cambios afectan a su manera de comportarse?
- ¿Por qué hay determinadas tareas asociadas a hombres y otras a mujeres?
- ¿Qué papel juega la moda en la diferenciación de los sexos?
- ¿Cómo te sentirías si un día te levantaras y hubieras cambiado de sexo?
- ¿Cómo te gustaría haberte llamado si hubieras nacido con otro sexo?

La igualdad entre hombres y mujeres

La igualdad: un logro y una meta

En nuestro país la ley protege la igualdad entre hombres y mujeres. Actualmente, en el mundo laboral las mujeres tienen acceso a altos cargos en las empresas así como en la política. También desempeñan trabajos que hasta hace poco tiempo solo podían hacer los hombres, por ejemplo, pueden ser militares.

Los cambios en la educación han ayudado a que sea posible alcanzar la igualdad, pero todavía queda trabajo por hacer. La sociedad tiene que ayudar a que hombres y mujeres trabajadores puedan compaginar su ocupación laboral con la educación de los hijos y el tiempo que se debe dedicar a la familia, que es responsabilidad de ambos sexos.

Nosotros podemos colaborar acostumbrándonos a mejorar la convivencia en la familia contribuyendo con pequeñas tareas que son importantes para la vida en común, como arreglar y recoger la propia habitación, hacer la cama, poner la mesa. Con el tiempo, a medida que se crece, las responsabilidades aumentan y se pueden asumir otras tareas, como ir a comprar, echar una mano en la cocina, cuidar de un hermano más pequeño o de las personas mayores, etc.

El reparto de tareas entre hombres y mujeres permite que ambos tengan más tiempo para la vida familiar.

La situación de las mujeres en el mundo

En otros lugares del mundo, la situación de las mujeres es diferente. Existen todavía países en los que el nacimiento de una niña se considera un problema para la familia, porque no se considera a la mujer una persona autónoma, sino alguien que depende primero de sus padres y luego de su marido. Por eso, su único destino es casarse y para ello, sus padres deben pagar grandes sumas de dinero u otros bienes a la familia del novio, lo que les hace endeudarse para toda la vida. Este dinero se llama dote, y sirve para compensar los gastos que ocasionará la esposa a la familia del marido.

Ayudar en casa es una buena manera de contribuir a la convivencia.

Desde pequeñas las niñas ayudan a sus madres en las tareas de preparar la comida, traer agua y cuidar de los hermanos más pequeños o de los ancianos. En algunas ocasiones también ayudan en el campo o en la venta ambulante. Esto las obliga a dejar la escuela, privándoles de la educación que les permitirá leer, escribir, y sobre todo avanzar en sus derechos sociales.

De los 120 millones de niños que no pueden ir al colegio en todo el mundo, dos tercios son niñas.

Organizaciones internacionales como la ONU, la UNESCO o UNICEF trabajan incansablemente para conseguir que todos los niños tengan acceso a la educación y continúen su formación hasta que lleguen a la vida adulta.

Niñas de la India sacando agua de un pozo.

Investiga con ayuda de tu profesor o profesora qué tipo de tareas realizan en casa los niños o niñas de tu edad que pertenecen a otras culturas. Realiza un cómic con situaciones de contraste entre lo que tú haces y ellos hacen.

REFLEXIONAMOS

- ¿Qué tipo de actividades y necesidades crees que puede tener una familia en la que hay niños pequeños y un anciano que está impedido en una silla de ruedas?
- Si fueras una madre que trabaja ocho horas fuera de casa, ¿cómo distribuirías las tareas? ¿A qué acuerdos llegarías con tu familia para evitar conflictos?
- ¿Qué tareas realizas tú en casa? ¿Piensas que son suficientes? ¿Cómo puedes mejorarlas?
- ¿Cómo hubiera sido tu vida de haber nacido niña en un país donde hombres y mujeres no tienen los mismos derechos?

En los países menos desarrollados el porcentaje de asistencia de los niños a la escuela es mucho menor que en los desarrollados. Y, además, las niñas tienen menos oportunidades que los niños.

entre todos

VOCES

Princesas y príncipes

Érase una vez un rey y una reina que suspiraban por tener descendencia. Después de varios años de espera nació su hija. Hicieron una gran fiesta e invitaron a seis hadas. Cada una debía concederle un don a la princesa.

La primera le dio por don la belleza, por eso la princesita es la más hermosa del lugar. La segunda le concedió bondad y le entregó un espíritu angelical. La tercera la dotó de gracia para hacer bien cualquier cosa. La cuarta le concedió el don de la danza para que fuera una gran bailarina. La quinta le dio una voz preciosa y dulce para que cantara como un ruiseñor, y la sexta, un oído privilegiado para que tocara instrumentos musicales a la perfección.

Pero a la fiesta no fue invitada una vieja hada que se sintió ofendida y soltó su maleficio: la princesa se pincharía con un huso y moriría muy joven.

TRABAJO PRÁCTICO

Los dibujos de esta página pertenecen a cuentos muy conocidos de princesas y príncipes. Redactad entre todos un pequeño resumen del argumento de cada uno.

- ¿Qué conceden las hadas a la Bella Durmiente? ¿Le hubieran concedido lo mismo de ser varón? ¿Qué dones le habrían atribuido?
- Imaginaos el cuento de La Cenicienta, ¿qué habría sido del hada madrina si se hubiera quedado sin trabajo? ¿Qué profesión podría desempeñar conociendo sus habilidades?
- En el cuento de Caperucita Roja ¿quién hace el papel de princesa? ¿Y de príncipe? ¿Qué cualidades tiene cada uno? ¿Qué hubiera pasado si en lugar de una niña hubiera sido un niño? ¿Llevaría esa caperuza roja?
- Blancanieves se escondió en el bosque y fue a parar a casa de los enanitos. ¿Cómo se encontró la casa? ¿Por qué pensáis que se alegraron tanto al verla? ¿Cuál fue su tarea todos los días? ¿Por qué no fue a la mina a ayudarles?

Comparad ahora los cuentos mencionados.

- ¿Cómo son los personajes de las princesas? ¿Y los príncipes?
- ¿Qué se espera de cada uno de los protagonistas?
- ¿Por qué los príncipes siempre aparecen al final del cuento para salvar a las princesas?
- ¿Pensáis que estos cuentos influyen en la visión que se daba de las mujeres y de los hombres a los niños?
- ¿Cómo podemos ayudar a contar estos cuentos de otra manera?

Elegid cada uno uno de los cuentos tradicionales y reescribidlo de modo que recoja las conclusiones del trabajo que habéis realizado entre todos.

El futuro depende de mí

TRABAJAR POR LA IGUALDAD

En el lenguaje

Muchas veces la manera en que nos expresamos o utilizamos determinadas palabras muestra una actitud discriminatoria hacia el sexo femenino.

Hay algunos adjetivos que van asociados a uno u otro sexo como feroz, valiente, fuerte, potente, dulce, coqueta... También encontramos numerosos chistes y dichos populares que marcan las diferencias entre ambos sexos y que no hacen más que ridiculizar al hombre o a la mujer. A veces los motes o los apodos despectivos que utilizamos también son hirientes y no nos ayudan a convivir.

En la escuela

La escuela es un lugar donde además de aprender los contenidos de las asignaturas aprendemos a convivir con personas de diferentes edades y diferentes sexos. Los juegos son un medio para poner en práctica todo lo que has aprendido. Por eso deben integrar a todas las personas, sin importar su condición sexual, física, edad o país de procedencia. Permiten la colaboración y cooperación de unos con otros y no fomentan el enfrentamiento o los prejuicios.

En la comunidad

Tenemos que comenzar a cambiar los estereotipos que difunden los medios de comunicación social. En la calle y a nuestro alrededor encontramos muchas personas muy alejadas de ese patrón. Podemos encontrar a una cartera amable que nos entrega el correo o a un vecino tendiendo la ropa.

Los políticos apuestan cada vez más por la igualdad de la mujer y del hombre en el mundo laboral. Cada vez más, las leyes van encaminadas a cumplir este fin, protegiendo los derechos de las mujeres, y ayudando a facilitar la conciliación entre las responsabilidades familiares y la vida profesional, pero sin la colaboración de los ciudadanos nada sería posible.

EN GRUPO

- ¿Qué os parecen los insultos que ridiculizan a las personas del otro sexo?
- ¿Qué iniciativas se pueden poner en práctica en la escuela para ayudar a que todos aprendamos a vivir la igualdad?
- ¿Has oído hablar de alguna ley que ayude a proteger los derechos de las mujeres?

CUÉNTALO EN CASA

- Charla con tu familia sobre la importancia que tiene la igualdad en la sociedad en que vivimos.
- Pídeles que te expliquen cómo vivieron ellos su paso a la pubertad, a qué jugaban, cómo vestían, qué obligaciones tenían..., ¿te parece que las cosas han cambiado?
- Pregúntales qué querían ser de mayores y cómo han cumplido sus expectativas.
- ¿Cómo viven ellos la igualdad de oportunidades en sus trabajos?
- ¿Quién lleva el peso de las tareas en casa? ¿Qué pasaría si nadie colaborara?

ERES CAPAZ DE

Organizar la economía doméstica

Cuando muchas personas conviven en una misma casa el trabajo para mantener el orden y la limpieza se multiplica.

Como hemos visto, las mujeres se han ocupado tradicionalmente de la tarea de cuidar y mantener el hogar. Pero algunas de esas cosas que nos parecen hoy muy sencillas y normales eran antes un trabajo muy duro: tenían que sacar agua de pozos o ríos y llevarla hasta las cocinas y lavar la ropa a mano, no disponían de los modernos productos de limpieza, no había guarderías. Hoy la tecnología ha facilitado las tareas del hogar. Pero lo más importante es ser conscientes de que son responsabilidad de todos.

- Limpiar la casa
- Recoger a los niños del colegio
- Cuidar al abuelo
- Llevar el coche al taller
- Cambiar la bombilla del baño
- Planchar
- Coser el pantalón del niño
- Cocinar
- Sacar la basura
- Regar las plantas

- Realiza un horario semanal.
- Haz un presupuesto para saber cuánto dinero necesitarías cada semana para poder atender a todas las necesidades.
- Piensa en quién puede ayudarte.

PARA MI REFLEXIÓN

- Imagina que tus padres tienen que realizar un viaje inesperado. Si te quedaras sin ningún adulto en la casa, ¿cómo podrías organizarte?
- ¿Cómo podemos contribuir a la igualdad entre hombres y mujeres?
- ¿Qué puedes hacer tú para contribuir a ello?

EN GRUPO

- Estudiad atentamente la lista de la izquierda y contestad:
  - Clasificad las tareas urgentes o rutinarias.
  - ¿Qué pasaría si nadie cuidara al abuelo o recogiera a los niños del colegio?
  - ¿Hay alguna alternativa para todas ellas?
  - ¿En qué actividades puedes colaborar?
  - ¿Qué es necesario saber para poderlas hacer?

5 Vivir en comunidad

No vivimos solos. Nos relacionamos con otras personas, con la familia, los amigos, los compañeros de la escuela, los vecinos del barrio. Con el tiempo, participamos cada vez más de la comunidad en la que vivimos, y cuando estamos rodeados de amistad y afecto sincero nos sentimos felices. Esta felicidad la producimos entre todos porque de cada uno de nosotros depende el bienestar de los demás y todos somos responsables de que la convivencia sea agradable y de que se respete a todas las personas, con sus peculiaridades y diferencias. A veces es difícil entender del todo a los que nos rodean, pero es importante hacer un esfuerzo para conocerlos mejor.

Primero cogieron a los comunistas,
y yo no dije nada porque yo no era un comunista.
Luego se llevaron a los judíos,
y no dije nada porque yo no era un judío.
Luego vinieron por los obreros,
y no dije nada porque no era ni obrero ni sindicalista.
Luego se metieron con los católicos,
y no dije nada porque yo era protestante.
Y cuando finalmente vinieron por mí,
no quedaba nadie para protestar.

Martín Niemöller

ARTÍCULO 12

Tienes derecho a pedir protección si alguien trata de manchar tu buen nombre, entrar en tu casa, abrir tu correspondencia o causar molestias a ti o a tu familia sin una razón válida. (Adaptado)

No es mi problema

Érase una vez un ratón que vivía cómodamente en una granja donde había otros animales. Un día, curioseando un paquete que había recibido el granjero, descubrió una ratonera y tuvo mucho miedo porque se dio cuenta de que querían cazarlo y se le iba a acabar la buena vida.

Enseguida salió gritando al patio de la granja: «¡Hay una ratonera en la casa! ¡Hay una ratonera en la casa!». Pero nadie pareció alarmarse y no le hicieron caso.

La gallina pasó junto a él y le dijo cacareando: «Una ratonera es para los ratones, ¿no? Entonces a mí no me importa nada».

El ratón pidió ayuda al cordero, pero este le dijo: «Lo siento ratón, rezaré para que no te pase nada».

El ratón se dirigió a la vaca y esta le dijo: «¿Qué tiene que ver eso conmigo? Yo soy grande y fuerte y esas cosas pequeñas no me importan».

Desanimado, regresó a su agujero, y aquella misma noche escuchó el ruido que hacía la ratonera al cerrarse. Pero no había atrapado un ratón, sino una serpiente. La granjera se acercó a ver lo que había y la serpiente la picó. La mujer cayó enferma con fiebre y su marido, pensando que le sentaría bien tomar algo caliente, mató a la gallina para prepararle un caldo. Como la mujer no mejoraba, fueron a visitarla todos sus familiares y el granjero mató al cordero para darles de cenar. Finalmente, la granjera murió y su marido tuvo que vender la vaca para cubrir los gastos del funeral.

«El mundo es peligroso no por las personas que hacen el mal, sino por las que se sientan a ver lo que pasa.»

(A. Einstein)

EN GRUPO

- **¿Qué tienen en común el texto de M. Niemöller de la página anterior y los de esta? ¿En qué se diferencian?**
- **¿Qué ideas os sugieren las similitudes y las diferencias de estos textos?**
- **¿Con qué aspecto de la vida de las personas podéis relacionarlos?**
- **¿Qué pensáis de la actitud de la vaca, el cordero y la gallina de la fábula?**
- **Intentad contar alguna situación parecida en la que os hayáis encontrado.**
- **¿Qué nos enseñan estos textos?**

VAS A APRENDER

- Descubrir las necesidades sociales que tenemos las personas.
- Comprender que la convivencia es necesaria para nuestro crecimiento personal.
- Valorar las diferencias como fuente de riqueza personal.
- Reflexionar sobre cómo las personas mayores necesitan de nuestra atención.

En la piel del otro

Los otros y yo

Hay un refrán español que dice: «Dime con quién andas y te diré quién eres». Eso significa que las personas que elegimos como amigos influyen en nuestra vida y comportamiento. Pero hay otras personas a las que no elegimos con las que tenemos que convivir y relacionarnos, son nuestros vecinos, nuestros compañeros de clase, nuestros conciudadanos. Convivir en armonía requiere del esfuerzo de todos.

¡Gafotas!

En el colegio tengo una pandilla de muchos amigos y me lo paso muy bien. A menudo quedamos por las tardes y jugamos partidos de fútbol en el parque. Sin embargo, hay una pandilla de chavales mayores que se hacen los graciosos burlándose de gente como yo que llevamos gafas. No entiendo por qué lo hacen. Ellos dicen que son bromas, pero no entiendo muy bien por qué ese tipo de broma no me hace reír. Alguien debería enseñarles esa diferencia. A mí me duele.

Carlos (12 años)

¿Quién tiene el mando?

Todos los días pasa lo mismo. Al llegar a casa, mi hermano y yo empezamos a pelearnos por el mando de la televisión. Hemos intentado poner turnos y establecer unas normas de uso, pero finalmente mi hermano se sale siempre con la suya.

Pero los problemas no acaban aquí, cuando llega mi madre quiere ver su programa favorito, así que nos deja a medias con lo que estemos viendo y nos quita el mando para que no podamos cambiar de canal. De nuevo hay protestas y malas caras. Pero lo peor es cuando a la hora de cenar, mi padre se hace el amo del mando a distancia y se acaban las discusiones. Cada uno termina marchándose a su habitación. ¡Cómo me gustaría tener un mando a distancia para hacerlos desaparecer a todos durante un instante!

Juan (8 años)

Mi música es su ruido

Me encanta la música. Cuando sea mayor me dedicaré a pinchar discos en una discoteca. Pero por el momento no puedo disfrutarla tanto como me gustaría. Cada vez que pongo música en mi casa, antes de que se termine la primera canción los vecinos ya están golpeando la pared para que baje el volumen. Cada día están más insoportables y se quejan de cualquier cosa: que si arrastro las sillas, que si mi perro ladra, que la música no les deja oír la tele... ¿por qué no se van a una isla desierta?

Sara (11 años)

EN GRUPO

- **Comentad entre todos las situaciones que presentan los diferentes personajes y contestad:**
  - ¿Qué es una pandilla? ¿Creéis que hay pandillas de diferentes tipos? Elaborad una definición entre todos.
  - ¿Qué beneficios y qué perjuicios supone estar en una pandilla?
  - ¿Qué debería tener una pandilla para que os gustara entrar en ella?
- **Imaginad que podéis crear a vuestro amigo o amiga ideal:**
  - ¿Cómo os gustaría que fuera?
  - ¿En qué cosas debería estar interesado?
  - ¿Qué cosas haría para divertirse?
  - ¿Qué cosas debería poder hacer por vosotros?
- ¿En qué situaciones se plantean conflictos en casa? ¿Es más fácil ponerse de acuerdo que en el cole? ¿Por qué?
- A veces mantenemos relaciones muy estrechas con los vecinos. ¿Qué inconvenientes tiene llevarse mal con los vecinos? Realizad una lista de las ventajas de tener vecinos. Junto a cada una de estas ventajas escribid cómo podemos contribuir a mantenerlas.

PARA MI REFLEXIÓN

- ¿Qué rasgos y valores personales buscas en las personas que forman tu grupo de amigos?
- Escribe en tu cuaderno un listado de los diez rasgos que te caracterizan. Ordénalos del 1 al 10 por preferencia.
- ¿Son realmente los que tú muestras a las personas?
- ¿Cuál de los diez rasgos te permite una mejor convivencia con los otros?
- ¿Qué rasgos son imprescindibles? Elige tres de ellos y explica el porqué de tu elección.

Relaciones de convivencia

Sentir afecto

Muchas de nuestras relaciones con las personas se basan en el respeto y el aprecio. Cuando respetamos a alguien y valoramos su manera de ser, lo que sabe, lo que nos da, cuando nos importa si está contento o triste y lo que piensa de nosotros, es porque le tenemos afecto. Cuando sentimos afecto por una persona no importa su estatura, su edad, su color, su sexo o su condición social. Solamente disfrutamos con su compañía y podemos demostrárselo sin esfuerzo: una mirada cariñosa, un tono de voz suave, una sonrisa, una confidencia, un gesto de ayuda.

Estas demostraciones de afecto suelen ser recogidas y correspondidas con otras semejantes y terminan convirtiéndose en amistad profunda y duradera.

Los buenos amigos nos ayudan a superar las situaciones difíciles.

Los conflictos

Pero las relaciones entre las personas también generan conflictos, porque a veces se enfrentan diferentes puntos de vista o porque se adoptan actitudes poco respetuosas. En casa, en el colegio, con los vecinos o en la calle son frecuentes las situaciones en las que no todos estamos de acuerdo o no le parecen bien a todo el mundo.

Muchas veces perdemos la paciencia y por defender nuestras ideas o lo que consideramos nuestros derechos sacamos lo peor de nuestro carácter, incluso podemos hacer gestos violentos o agresivos. Antes de recurrir a estas actitudes, debemos recordar que la convivencia pacífica no sería posible si cada uno hiciera su voluntad sin pensar en lo que quieren o necesitan los demás.

Nuestras decisiones tienen unos límites, siempre deben respetar los derechos de los demás, pues estos derechos son el fundamento de la convivencia y todos debemos procurar defenderlos.

El castellano utiliza muchas frases hechas sobre la convivencia: «dejar en paz», «dar guerra», «dejar en la estacada», «tener buenas maneras», «dejar en buen o mal lugar». Haz una lista con otras expresiones o refranes que se refieran a la convivencia.

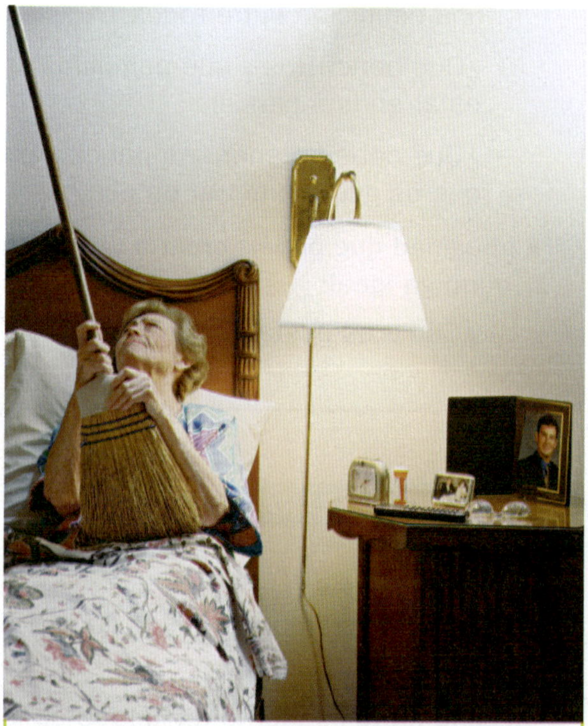

Cuando perdemos la paciencia es fácil hacer gestos violentos. Por eso debemos procurar pensar en lo que sienten los demás.

Valores para la convivencia

La Constitución Española de 1978 fue un momento muy importante de la historia de España. En ella se garantiza el derecho de todos los ciudadanos de nuestro país a la libertad, a la justicia y a la paz. Estos valores son la base del orden político y jurídico que hay en España. Sin ellos la vida social y ciudadana es impensable.

Participar en las decisiones políticas de nuestro país de forma democrática, cumplir las leyes y respetar la dignidad de las personas son el principio de una buena convivencia social y ciudadana.

La Nación española, deseando establecer la **justicia, la libertad y la seguridad y promover el bien** de cuantos la integran, en uso de su soberanía, proclama su voluntad de:

Garantizar **la convivencia democrática** dentro de la Constitución y de las leyes conforme a un orden económico y social justo.

Consolidar un Estado de Derecho que asegure el imperio de la ley como **expresión de la voluntad popular.**

Proteger a todos los españoles y pueblos de España en el ejercicio de **los derechos humanos, sus culturas y tradiciones, lenguas e instituciones.**

Promover el progreso de la cultura y de la economía para asegurar a todos una digna calidad de vida.

Establecer una **sociedad democrática** avanzada y colaborar en el fortalecimiento de unas **relaciones pacíficas y de eficaz cooperación** entre todos los pueblos de la Tierra.

En consecuencia, las Cortes aprueban y el pueblo español ratifica la siguiente Constitución.

(Preámbulo de la Constitución española)

REFLEXIONAMOS

- ¿Qué personas de tu alrededor muestran afecto por ti?
- ¿Cómo podemos demostrarle afecto a un vecino?
- En las relaciones hay buenos y malos momentos, y eso hace difícil mantener las amistades:
  - ¿Por qué termina una amistad?
  - ¿De qué manera podemos acabar una amistad?
  - ¿Qué pasaría si necesitaras de su ayuda en un futuro y…?
    - Hubierais quedado como amigos
    - Nunca más le hablaste
    - Fuiste hablando mal de él o ella a otros.
- ¿Por qué los valores del Preámbulo de la Constitución son tan importantes?
- ¿Cómo afectarían a la convivencia de todos si no se respetaran?
- Piensa en alguna mala experiencia que hayas tenido en una relación de convivencia con alguien:
  - Explica en pocas líneas qué ocurrió.
  - ¿Quién fue el responsable del conflicto? ¿Qué hizo para ser el responsable?
  - ¿Qué hiciste tú? ¿Qué actitudes mostraste?
  - ¿Cómo te sentiste después?

Cuando seamos mayores

Tengo casi setenta y cinco años, vivo sola en mi casa, la misma en que estaba con mi marido, la que dejaron mis dos hijos cuando se casaron. Siempre he estado orgullosa de mi autonomía, pero desde hace un tiempo ya no es como antes, sobre todo cuando pienso en mi futuro. Aunque todavía me dicen «si yo fuera como usted a su edad...», salir a comprar y ocuparme de la casa me cansa cada vez más. Entonces pienso: «¿Cuál será mi futuro?». Cuando era joven la respuesta era sencilla: con mi hija, con el yerno, con los nietos. Pero ahora, ¿qué se puede hacer? Las casas son pequeñas y en las familias todos trabajan. También ahora la respuesta es sencilla: el asilo. Todos repiten lo mismo. Pero todos saben, y no lo dicen, que nadie quisiera dejar su casa para ir a vivir a un asilo.

Con frecuencia oigo decir: «Lo ingresamos en un buen asilo, por su bien». Tal vez son sinceros, pero ellos no viven ahí. Ni siquiera es un «mal menor» pero necesario.

No creo que una institución sea la respuesta para quien está un poco mal y, sobre todo, está solo.

Encontrarse de repente viviendo con personas desconocidas, no queridas y no elegidas ¿es realmente una manera para vencer la soledad?

(Carta de María, San Egidio)

RINCÓN DIGITAL

Con ayuda de vuestro profesor o profesora buscad datos estadísticos en Internet sobre personas de más de 65 años que viven solas y sobre hogares en los que conviven personas de tres generaciones:

http://www.ine.es/revistas/cifraine/0604

EN GRUPO

La Comunidad de San Egidio comenzó en Roma. Es un gran movimiento que da a los ancianos apoyo y ayuda, tanto a aquellos que viven en sus casas como en residencias o en la calle. Hoy su trabajo se extiende por muchos países del mundo. También es muy importante su trabajo de apoyo a la paz. Entrad en su web y explorad experiencias como la de María, que explican su trabajo.

http://www.santegidio.org/cast/solidarieta/anziani/index.htm

- **Describid la experiencia de María. ¿Qué le preocupa? ¿A qué tiene miedo? ¿Qué posibilidades de futuro tiene? ¿Qué creéis que debería hacer? ¿Quién puede ayudarla?**
- **¿Qué contestarías a su carta? Escribid la respuesta en parejas y ponedla en común.**

TRABAJO PRÁCTICO

Diseñad un proyecto de acompañamiento y apoyo a los ancianos.

- ¿Qué personas ancianas conocéis? ¿Cómo viven? ¿A qué se dedican? ¿Cómo os relacionáis con ellos?
- Elaborad una tabla de necesidades y dificultades que afrontan las personas a medida que se van haciendo mayores.

Cambios que se producen con la edad	Necesidades concretas	Apoyos necesarios
Cambios en la salud		
Las dificultades de movilidad		
Las necesidades de llevar una casa		
Necesidades económicas		
Relaciones con sus familiares		
Práctica religiosa		
Actividades de ocio		

- ¿En qué cosas podríais colaborar: individualmente y como grupo?
- Investigad qué entidades locales ayudan a las personas dependientes y en qué consiste esa ayuda.

El futuro depende de mí

MIS VECINOS Y YO

Cosas pequeñas, pero importantes

La convivencia en la escuela, con los amigos y en cualquier lugar depende de todos. Entre los países o las regiones las leyes ayudan a que esto sea posible. Pero también entre las personas concretas muchas normas no escritas nos ayudan. Algunas para evitar hacer daño a los otros, y otras justamente para ayudar a que las cosas cada vez sean mejores. Cuidar las pequeñas cosas ayuda a que la vida sea más agradable a nuestro alrededor.

Cómo ser un buen vecino

Según el lugar en el que vivimos las relaciones con nuestros vecinos son diferentes. Algunas veces tenemos poco contacto, pero otras, casi escuchamos sus voces por la ventana. Todos esperamos que se comporten bien… ¿y nosotros? ¿Cómo ser un buen vecino?

- Respeta los espacios propios, pide permiso para saltar a su jardín o jugar en su portal…
- El ruido nos molesta a todos… respeta los tiempos de descanso y pregunta si tienes duda de que puedas interrumpirles.
- Trata bien las cosas que son de todos, y mantén la limpieza de los lugares comunes.
- Cuidado con las mascotas… la higiene y el control son importantes. Respeta las suyas. Muchas personas tienen una relación afectiva muy intensa con ellas.
- Las bicicletas, patines o pelotas a veces asustan especialmente a los más mayores. Cuida que su uso no interfiera ni haga daño a los que te rodean.

EN GRUPO

- **Imaginad que estando solos en casa se os inunda la cocina. El agua de la lavadora se sale a borbotones y no sabéis qué hacer. ¿Acudiríais a los vecinos? ¿Sabríais a quién pedir ayuda? ¿Qué creéis que pasaría?**
  - Compartid las experiencias que conozcáis de situaciones en las que haya sido necesaria la ayuda de los vecinos para salir de una situación complicada.
  - A veces los vecinos se unen para pedir que mejoren las cosas en la escalera o en el barrio: por ejemplo, poner más jardines, mejorar la iluminación, disminuir la contaminación o el ruido, etc. ¿Qué situaciones creéis que requieren mejora en el barrio que rodea vuestra escuela? ¿Qué se podría hacer?

CUÉNTALO EN CASA

- ¿Cómo viven los familiares más ancianos a tu alrededor? Pregunta cómo se sienten, qué les gusta hacer, cómo te ayudan, qué esperan de ti…
- ¿Hay algunas cosas que no entienden de lo que a ti te gusta? ¿Hay cosas que no te gustan a ti de lo que ellos prefieren? Elige a una persona mayor de tu familia y haced juntos una lista de cosas que os gustan a los dos.
- ¿Te imaginas dentro de 60 años? ¿Cómo te gustaría que fuera tu vida cuando seas viejo? Compártelo con los tuyos.

ERES CAPAZ DE

«Prevenir mejor que curar»

Hemos visto que pensar en los demás nos ayuda a entenderlos mejor y llevarnos bien es cosa de todos. Cuando vemos que algunas cosas tienen efectos negativos sobre los otros, podemos evitarlas. ¿Puedes valorar las consecuencias de algunos comportamientos que destruyen la confianza y la convivencia?

- *Arrojar basura al suelo*
- *Mentir*
- *Decir tacos*
- *Robar un cd en un almacén*
- *Falsificar las notas*
- *No pagar el billete de autobús*
- *No devolver dinero prestado*
- *Pelear*
- *Destrozar las papeleras*
- *Pegar a alguien*
- *Escupir*
- *Burlarse de un anciano*
- *Pintar en las paredes del baño*
- *Ser cruel con un animal*
- *Usar el móvil de alguien sin permiso*

- **¿Cuáles son más dañinas para la convivencia? Clasifícalas primero en tres grupos:**
  – Muy dañinas, dañinas, solo molestas. Ahora ordénalas todas del 1 al 15 según su gravedad.
- **¿Cuáles son muy frecuentes? Clasifícalas también en grupos: Muy frecuentes, frecuentes, ocasionales. Rodea las que ocurren a tu alrededor.**
- **Escribe una consecuencia de cada una de ellas para la convivencia cotidiana.**
- **Contrasta con tus compañeros tu valoración. ¿Hay alguna diferencia? ¿Por qué?**
- **¿Se te ocurren otros comportamientos que también sean negativos para la convivencia con los demás?**
- **¿Serías capaz de hacer tu propio mural «en positivo»? Busca 20 comportamientos que construyan la vida en común con los demás, y explora si se dan con frecuencia a tu alrededor.**

6 Con la maleta a cuestas

Muchas personas dejan su casa y su país voluntariamente para buscar en otros lugares nuevas oportunidades: un trabajo con el que ganar dinero suficiente para poder estudiar y llevar una vida mejor, o porque desean conocer otras culturas. Pero otras veces, las personas deben marcharse de sus tierras y abandonar sus hogares a la fuerza, para huir de las guerras, hambrunas, persecuciones políticas o desastres naturales.

- **¿Por qué crees que han dejado su casa las personas de las ilustraciones?**
- **¿Cómo crees que se sienten en cada caso?**
- **¿Puedes imaginar lo que dejan atrás?**
- **¿Cómo te sentirías tú si mañana tuvieras que dejar tu casa, tus amigos, la escuela, el barrio?**

Artículos 13 y 14

Tienes derecho a ir de un lado a otro dentro de tu país. Tienes derecho a salir de tu país para dirigirte a otro y debes poder regresar a tu país si así lo deseas.

Si alguien te perjudica, tienes derecho a dirigirte a otro país y pedir que te protejan allí. (Adaptado)

Un caso real

Nicolás y Gabriela viven con sus padres y abuelos en un pequeño pueblo de Rumanía. Su padre es un buen ingeniero y su madre ejercía su profesión de médico en el hospital de la comarca hasta que lo cerraron, pero hace tiempo que no encuentran trabajo y viven todos de lo que gana el abuelo trabajando en la mina. La situación de la familia es mala, por eso han decidido emigrar a un país mediterráneo, donde la vida puede ser más fácil para todos.

Hablan de tener una casa bonita y un coche, y de poder trabajar en sus profesiones.

Los abuelos no podrán acompañarlos, son demasiado mayores para viajar.

EN GRUPO

- Haced una lista de las cosas que Nicolás y Gabriela pondrían en su maleta. Recordad que en la maleta solo pueden poner lo más importante.
- Haced una lista de las cosas que llevaríais en la maleta para unas largas vacaciones en la playa.
- Comparad las dos listas:
  - ¿Qué cosas son iguales?
  - ¿Qué cosas hay diferentes?
  - ¿Qué aspectos os llaman más la atención? ¿Por qué?
- Mirad los bocadillos de los personajes: ¿Siempre coinciden las cosas que queremos con las que necesitamos? ¿Qué nos ayuda a elegir?

VAS A APRENDER

- Qué es la inmigración y cuáles son sus causas.
- Qué dificultades y barreras encuentran los inmigrantes al llegar a un nuevo lugar.
- A tener actitudes de convivencia que sean respetuosas y no racistas.
- A empatizar con experiencias de personas que viven situaciones de discriminación por razones de diversidad social, raza, idioma, cultura…

En la piel del otro

Lejos de casa

En los medios de comunicación, en la literatura o en el arte se encuentran muchos testimonios de lo que sienten las personas que por diversos motivos se han visto obligadas a dejar su tierra, su casa y su familia. Por otra parte, son frecuentes los relatos, noticias y pintadas que muestran actitudes xenófobas hacia los inmigrantes. Y seguro que has visto a menudo gestos de solidaridad de personas y organizaciones que ayudan a hacer más fácil la experiencia de llegar a un lugar nuevo y desconocido.

Carta de un inmigrante africano a la sociedad española

Soy africano… En nuestros países, la muerte se ha convertido en un hecho banal. Se ve morir de hambre a los niños día tras día de pequeñas enfermedades que podrían curarse fácilmente con un poco de dinero... Como pueden imaginarse, es muy duro ver morir de hambre a un niño entre tus brazos, como me ha ocurrido a veces; o haber visto morir a mi padre de una malaria sin importancia que se curaría con pocos medios en cualquier centro de salud. Ustedes ven hechos parecidos en la televisión; nosotros, por desgracia, nos codeamos con estos horrores todos los días, e incluso entre estas víctimas se encuentran nuestros propios familiares.

Dios sabe que no soy ni un ladrón ni un bandido; soy simplemente el grito de una víctima que quiere vivir con el sudor de su frente. Quiero vivir y ayudar a vivir a mis hermanos. ¡Solo pido eso!

BASHIGE MICHEL

PARA MI REFLEXIÓN

Vemos en las noticias casi diariamente cómo llegan inmigrantes de muchas maneras a España. Esta es la carta de uno de ellos que viene de África.

- ¿Por qué crees que se defiende y afirma no ser un ladrón o un bandido?
- Contesta a la carta de Bashige. ¿Qué podrías decirle? ¿Qué se te ocurre que podemos hacer desde la escuela? ¿Cómo podrías participar en estas acciones?

Todos hemos sido emigrantes

Un abuelo catalán
el otro de sangre euskera
otros, moros perseguidos
y devueltos a sus tierras.
¡Ay mis abuelos dormidos
en otras tumbas de América,
pensando un día volver,
pero ese día no llega!

¡Ay qué profundo dolor
caminar por otras sendas!
Uno huyó por ser carlista,
el otro por la miseria
y al resto lo fue llevando
de un lado a otro la guerra.

Extracto de *Madre Patria*
por SILVIA ISJAQUI SERENOS

Y Eto'o dijo basta

El camerunés amenazó con dejar el partido por los gritos racistas de los aficionados. 26/02/2006

En la liga futbolística de 2006, un grupo de aficionados insultó al camerunés Eto'o con gritos simiescos y le tiraron cacahuetes, un acto xenófobo sin precedentes. Eto'o marcó un gol e, irónico y satírico, se marcó un baile como si copiase los movimientos de un mono. La situación se agravó acto seguido en un saque de esquina. Eto'o reclamó al colegiado, y el público, enfadado, decidió obsequiarle con el «¡uh, uh, uh!» conocido. Al ver que los insultos no cesaban, el camerunés decidió salir del campo.

elpais.com

EN GRUPO

Describid las situaciones que están viviendo los personajes de los textos anteriores y contestad:

- ¿Qué dice el poema de Silvia Isjaqui? ¿Por qué debemos considerarnos los españoles emigrantes? ¿Conocéis a personas que lo hayan sido o lo sean? Contad su historia.
- ¿Habéis presenciado alguna vez situaciones similares a las vividas por Eto'o? ¿Qué lleva a las personas a actuar de este modo? ¿Cómo os sentiríais vosotros si la gente que os rodea os hiciera burla?

Iguales y diferentes

Las personas emigramos

La historia de la humanidad está marcada por los viajes migratorios. A menudo se descubren yacimientos arqueológicos que demuestran la presencia de los primeros seres humanos en lugares tan lejanos entre sí como África, Europa o Asia, ya que nuestros antepasados remotos se desplazaban buscando tierras fértiles y lugares apacibles para vivir.

Los griegos y romanos también organizaron migraciones a los lugares que conquistaban para que se establecieran en ellos personas que querían prosperar; usaban este sistema para mantener su orden político.

La colonización de América también es un claro ejemplo de migraciones que salieron desde distintos lugares de Europa por razones políticas, económicas y religiosas y se establecieron en el nuevo continente.

A finales del siglo XIX y principios del XX hubo una importante emigración desde España a los países de Iberoamérica, en busca de trabajo y nuevas oportunidades. Años después, como consecuencia de la Guerra Civil muchos ciudadanos abandonaron el país por causas políticas y también huyendo de la miseria de la posguerra.

Fotograma de la serie de dibujos animados *Marco*, en la que la emigración es un tema importante.

Somos iguales y diferentes

Las personas somos parecidas en cualquier parte del mundo. Tenemos cuerpos semejantes, necesidades fisiológicas como comer, dormir... Necesitamos tener cariño, reírnos, hacer amigos...

A pesar de esta igualdad, cada ser humano se diferencia de otros, de manera que es único e irrepetible. Nuestro cuerpo tiene diferencias sexuales, así como de altura y complexión, nuestro humor y nuestras capacidades son diferentes. También nuestro carácter muestra a los demás cómo somos, y nuestras costumbres cuentan de dónde venimos, qué idioma hablamos, qué gustos culinarios tenemos, cuáles son nuestras fiestas, nuestro arte y nuestra cultura.

Emigrantes españoles en los años 60.

Vivimos en una sociedad intercultural

En la mayor parte de las ciudades europeas es algo muy común la convivencia de personas que tienen diferentes orígenes y culturas o modos de vida. Por eso se dice que nuestra sociedad actual es intercultural.

Las personas aprendemos a convivir compartiendo y respetando las cosas que nos diferencian y las que tenemos en común. A eso se le llama diversidad y se manifiesta en la vida social, cultural y religiosa.

- La **diversidad social** se debe a la edad, al barrio, al trabajo que se desempeña, a los estudios, y se manifiesta en la forma general de hablar o comportarse, en la ropa, etc.
- La **diversidad cultural** se manifiesta en el arte, la música, las fiestas, las costumbres e, incluso, la dieta.
- La **diversidad religiosa** se produce cuando conviven personas que tienen diferentes religiones y creencias.

La convivencia con personas de diferentes países nos enriquece.

Debemos respetar las diferencias

Algunas personas no entienden estos factores de diversidad o se sienten amenazadas por ellos. Esto les produce desagrado o rechazo y adoptan actitudes discriminatorias, como por ejemplo:

- No contratar a ciertas personas por su raza o color.
- No alquilar una vivienda a personas de determinado país.
- No permitir el acceso a determinados locales públicos.
- Realizar actos de violencia contra algún tipo de persona.

Los gobiernos tienen leyes que condenan estos actos y penalizan cualquier tipo de discriminación.

Si aprendemos a conocer más a fondo los factores de diversidad social, cultural y religiosa, descubrimos la riqueza que aportan y la importancia que tienen, y desarrollamos acciones que mejoren la igualdad de oportunidades, entonces, seremos capaces de convivir en armonía en un mundo intercultural.

REFLEXIONAMOS

- ¿Qué similitudes y diferencias hay entre tus compañeros y tú? ¿Son importantes las diferencias?
- ¿Qué podrías hacer para que haya igualdad de oportunidades en tu escuela?
- Si no hubiera diversidad, ¿cómo crees que sería el mundo?

VOCABULARIO

Discriminación: tratar a alguien mal porque pertenece a otra raza, es de otro color o sexo, nacionalidad o religión.

Interculturalidad: presencia en una sociedad de muchas culturas diferentes que conviven y comparten los recursos.

Antirracismo: actitud comprometida de denunciar y combatir el racismo en todos los ámbitos en los que se manifiesta.

Los niños de la guerra

En la República Democrática del Congo la guerra dura ya muchos años. Más de tres millones de muertos, y muchos desplazados que han tenido que huir. Más de la mitad de los refugiados son niños que tienen que empezar una vida nueva sin sus familias.

Kattitwa, Wakenge y Benjamin eran tres hermanos que vivían con sus padres, pero la guerra lo destrozó todo. Mataron a su madre por ser tutsi, y después murió su padre. Se quedaron solos y tuvieron que huir a Tanzania.

El viaje fue terrible, de noche, huyendo de los soldados, hasta coger un barco que los llevó al otro lado del lago Tanganika, con el agua helada y muy movida, en un barco viejo y peligroso.

Al llegar a Tanzania fueron acogidos en el campamento de refugiados de Lugufu, con 30.000 personas más que viven en chozas de barro y paja. Tuvieron que construirse la suya propia y sobrevivir al hambre y la dureza de la vida en el campamento.

Los refugiados son personas que se ven forzadas a dejar sus países en situaciones muy extremas de violencia, persecución y amenazas a la vida. Aunque los hermanos Fataki irán a la escuela en el campamento, tendrán que luchar mucho para sobrevivir.

(Fuente: ACNUR)

RINCÓN DIGITAL

Puedes encontrar más información sobre la vida de los hermanos Fataki en la web de la ONU. También se pueden leer historias de otros niños desplazados en otros lugares del mundo.

http://www.un.org/spanish/works/index.html

EN GRUPO

- ¿Qué dificultades tendrán que afrontar los hermanos Fataki de ahora en adelante?
- En las noticias aparecen cada día muchos conflictos que afectan a la vida de los niños.
  ¿Podéis nombrar alguno más?
- Además de la guerra, ¿hay otras razones que obligan a los niños a salir de sus países?
- ¿Qué necesitan las personas para vivir felices?
  ¿Creéis que los hermanos Fataki tendrán oportunidades para conseguirlo?

TRABAJO PRÁCTICO

'Sentirse en casa' es una expresión que utilizamos cuando estamos a gusto en un lugar, no echamos de menos otras cosas y nos sentimos felices. ¿Qué clase de cosas hacen falta para 'sentirse en casa'?

- Imaginad que llega a vuestro barrio una familia de refugiados con una madre, el abuelo, dos niñas de tres y siete años y un niño de once. ¿Qué necesitan para sentirse en casa?
- Elaborad entre todos una lista de todo lo que necesitarán los diferentes miembros de la familia para integrarse en vuestra localidad.
- ¿Cómo podríais clasificar todas las cosas que os han salido? Nombrad las diferentes categorías. Viendo las categorías, añadid todas las ideas nuevas que podáis debajo de cada una de ellas.
- ¿Cuáles son más urgentes? ¿Por qué? ¿Qué pasaría si no pudieran satisfacer alguna de ellas? Por ejemplo, si no encontraran trabajo, no tuvieran acceso a un centro de salud, no pudieran ir al colegio o no encontraran amigos.
- ¿Quién es responsable de cada una de las necesidades que tendrán cuando lleguen? Buscad las personas, instituciones, lugares a los que se puede acudir para cada una de las categorías y ponerlo debajo.
- ¿En qué cosas podríais ayudar vosotros? ¿Cómo?
- Diseñad en un mural un paquete de bienvenida: tenéis 30 euros para prepararlo, pero podéis meter otras cosas que no cuesten dinero. ¿Qué pondríais dentro?

El futuro depende de mí

SIN PREJUICIOS

Los prejuicios son ideas que se admiten como válidas sin tener pruebas de que lo sean. La base de los prejuicios es la ignorancia y nos impulsan a rechazar lo que no conocemos. Los prejuicios hacen que percibamos con más intensidad las diferencias con las demás personas, por razones de raza, lengua, religión, opinión política o condición sexual.

¿Qué puedo hacer yo?

- Relacionarme con personas diferentes y conocer su vida y su realidad con detalle.
- Identificar los prejuicios y analizar sus raíces con cuidado.
- Crear un clima adecuado para el diálogo.
- Conocer mis propias diferencias y aprender a compartirlas con los demás de forma positiva.
- Ponerme en lugar del otro en las situaciones complicadas.

¿Qué podemos hacer juntos?

- Identificar las cosas que nos hacen a todos iguales y comprobar que son muchas más y más importantes que las que nos separan.
- Valorar lo que cada persona puede aportar al grupo como riqueza.
- Denunciar las situaciones de discriminación que observamos en nuestro entorno.
- Comprometernos a encontrar lugares de encuentro para dialogar y participar en actividades comunes.

EN GRUPO

- Si pensamos que la discriminación no es aceptable, ¿cómo podemos cambiar las cosas?
- ¿La presión del grupo influye positiva o negativamente sobre la discriminación hacia compañeros que son diferentes? ¿Por qué?
- ¿Qué otras cosas podemos hacer nosotros para evitar la discriminación?

CUÉNTALO EN CASA

- Repasa en casa las normas de comportamiento de tu aula. Explica en casa por qué hay que respetar esas normas.
- Pregúntales a tus familiares adultos qué normas hay en su trabajo y por qué es necesario que las respeten.
- Seguro que en casa también hay normas, aunque no estén escritas. Dialoga con tu familia sobre cuáles son y por qué son importantes.

ERES CAPAZ DE

Organizar un plan de acogida

La semana próxima llegará un compañero nuevo a clase. Se llama Nicolás y viene de Rumanía. Nos han pedido que preparemos su llegada. Algunos compañeros quieren organizar una fiesta, otros quieren hacer carteles de bienvenida, un grupo quiere redactar un folleto informativo para que pueda moverse tranquilamente por el colegio y la localidad. ¿Eres capaz de preparar un plan para acogerle en tu clase?

Puedes empezar haciendo una lista de cosas que hay que tener en cuenta, como las que tienes aquí:

- La presentación de los compañeros
- Ideas para la bienvenida: carteles, pósters…
- Visita y reconocimiento del centro
- Normas de convivencia y de aula: escritas y no escritas

- Información sobre actividades dentro y fuera de la escuela
- Información de interés cultural de tu localidad: fiestas, comidas…
- Información de lugares importantes: Ayuntamiento, tiendas, policía local, farmacia, centro médico, polideportivo…

¿Qué más se te ocurre?

- Elige uno de los puntos anteriores y explica cómo lo harías.
- ¿Crees que los planes de acogida son útiles? ¿Por qué?
- Los compromisos son de todos. ¿Qué le pedirías a Nicolás, que llega nuevo, para hacer más fácil la convivencia?

7 Los conflictos tienen solución

Las diferencias de opinión, de intereses o de gustos son normales en la convivencia entre las personas. Pero muchas veces estas diferencias son causa de enfrentamientos y conflictos y dan lugar a un comportamiento agresivo que provoca daños físicos o psíquicos a otras personas. Cuando unos quieren imponer su punto de vista sobre otros sin dar razones, surgen la violencia, el ataque a las personas y los abusos.

La sociedad tiene leyes para sancionar estas agresiones, pero los conflictos se pueden evitar si todos ponemos algo de nuestra parte y antes de reaccionar impulsivamente para hacer u obtener algo que queremos, intentamos pensar las posibles consecuencias de nuestros actos sobre los demás.

Artículos 5 y 29

Nadie tiene derecho a torturarte ni a someterte a penas o tratos crueles, inhumanos o degradantes. (Adaptado)

Tienes obligaciones con la comunidad puesto que solo en ella puede desarrollarse bien tu personalidad. La ley debe proteger los derechos humanos. Debe permitir a cada uno respetar a los demás y ser respetado. (Adaptado)

Yo dimito

Estimado Director:

El motivo de esta carta es presentarle mi dimisión como entrenador del equipo de fulbito del centro. Ha sido difícil para mí tomar esta decisión, pero creo que comprenderá mis motivos.

El equipo, al que entreno desde hace ya tres años, se ha consolidado con una plantilla de quince jugadores de los que estaba muy orgulloso, tanto por su esfuerzo y rendimiento como por el espíritu de compañerismo y colaboración que había entre ellos.

Pero por alguna razón que ignoro, desde el inicio de este curso se han estado produciendo actitudes agresivas entre los jugadores, que he intentado corregir en los entrenamientos. Sin embargo, me resulta imposible controlar lo que sucede los sábados, cuando jugamos los partidos, ya que las situaciones violentas se multiplican y no hay partido en el que no tenga que intervenir la autoridad local. Lo grave del asunto es que no son los niños los que terminan agrediéndose, sino los padres o familiares que vienen como espectadores.

En estas circunstancias no voy a continuar ejerciendo mi labor. Ante todo soy educador y no puedo ni debo tolerar ningún tipo de violencia hacia los demás o hacia mi persona.

Le agradezco la confianza que en su día depositó usted en mí.

Reciba un cordial saludo.

EN GRUPO

- ¿Habéis observado alguna ocasión en que que las cosas se hagan «por narices»?
- ¿Cómo os habéis sentido teniendo que hacer algo impuesto por otra persona y que os parece que se puede hacer de otra manera?
- Imaginad que tenéis un botón de STOP en la cabeza, como en el dibujo. Haced una lista de ocasiones en las que estaría bien apretarlo antes de actuar. ¿Qué actitudes o comportamientos hubieran ocurrido de no pulsar el botón?
- Contestad a la carta del entrenador entre todos. ¿Qué se podría hacer? ¿Quién podría intervenir? ¿Alguna vez ha habido situaciones similares en vuestro centro?

VAS A APRENDER

- Que los conflictos tienen solución.
- Cómo controlar los impulsos.
- A reconocer situaciones de acoso y violencia en los medios de comunicación social y en la vida diaria.
- Cómo resolver los conflictos.
- A solidarizarte con las víctimas de la violencia.
- A conocer el Plan de Convivencia de tu centro.
- A proponer ideas que mejoren la convivencia.

En la piel del otro

Somos más violentos de lo que pensamos

En España se han realizado varios informes y estudios para medir el grado de violencia de nuestra sociedad y las estadísticas van en aumento y parece que seguirán aumentando durante los próximos años. En lo que se refiere a la escuela, el clima de violencia es tan frecuente que hasta se consideran «normales» muchos episodios de comportamiento antisocial que no deben permitirse.

Cuando se conoce algún caso como los siguientes, todo el mundo se preocupa, porque salen en los periódicos y llaman la atención, pero otros muchos ocurren cada día y nadie se entera. La pasividad de los que rodean a las personas que son agredidas agrava las situaciones. Los familiares, amigos, compañeros o vecinos deben comprometerse apoyando a la víctima y denunciando al que ejerce la violencia.

Dejar flores en el lugar donde Jokin perdió la vida no cambia lo que ocurrió. Pero si alguien le hubiera escuchado no habría tomado una decisión tan terrible.

No puedo más

Jokin, un chico de catorce años, tenía que soportar cada día ataques y humillaciones de sus compañeros de instituto. Aguantó insultos, burlas, bofetones y hasta palizas. Los dos últimos días de su vida no acudió a clase porque no aguantaba más, pero sabía que no podría quedarse siempre en casa. Tarde o temprano tendría que volver a clase o salir a la calle. No contó nada a nadie, excepto a una amiga de la que se despidió por el messenger: «Prefiero morir como un cobarde que vivir cobardemente». Salió de madrugada con su bicicleta, llegó hasta lo alto de la muralla y se suicidó saltando al vacío.

Si no hay normas, no hay juego

Es una lástima tener que prohibir jugar a la pelota en el patio del colegio, pero no hay más remedio, porque los juegos con pelota en el patio terminan siendo diariamente una fuente de conflictos. Los alumnos han dejado de respetar las normas de juego y solucionan cualquier problema con agresiones físicas y verbales. Lo malo es que «pagan justos por pecadores».

La madre de Lucía

Mi amiga Lucía lleva varios días sin acudir a la escuela y hoy he sabido por qué. Su madre está ingresada en el hospital. Según cuentan en el vecindario, su padre, tras una gran disputa, comenzó a pegar a su madre. Los vecinos llamaron rápidamente a la policía pero, cuando llegó, la pobre mujer se encontraba gravemente herida. Lucía está ahora con sus abuelos. No sé cómo consolarla, solo sé que quiero darle un abrazo.

PARA MI REFLEXIÓN

- Puedes encontrar la historia de Jokin en la web http://argijokin.webcindario.com. Averigua más detalles de lo que le ocurrió. ¿Cómo te hubieras sentido en su lugar?
- ¿Cómo te sentirías si tu amigo fuera el maltratado?
- ¿Por qué a veces «pagan justos por pecadores»? ¿Qué harías tú en la situación del maestro?
- ¿Qué podrías hacer tú por una amiga como la de la historia?

EN GRUPO

- Diseñad en grupo un póster para la campaña del colegio sobre la Convivencia Escolar. El lema de la campaña es el título de este tema: **Los conflictos tienen solución**.
  - Realizad una lluvia de las ideas que os transmita el lema de la campaña y elegid entre todos la que os parezca más interesante.
  - Buscad situaciones donde se pueda observar el tema de trabajo que hayáis elegido.
  - Diseñad entre todos el contenido del póster: *collage* de fotografías o de noticias, dibujo lineal, artístico, reciclaje de materiales, etc.
  - Exponed el póster y explicad a los demás compañeros vuestro trabajo.

Los conflictos tienen solución

¿Por qué hay conflictos?

Los conflictos entre personas se producen generalmente porque uno no entiende el comportamiento del otro o le parece que le impide conseguir lo que quiere.

Para resolverlos de forma constructiva debemos entender bien por qué se producen:

- Las personas vemos las cosas de forma diferente. Lo que es muy grave para unos, no lo es para otros.
- A veces no entendemos las cosas o las entendemos a medias porque no tenemos una información exacta y verdadera, sino que uno nos dice lo que a su vez le han dicho, etc.
- Los gestos, actitudes y tono de voz que utilizamos a la hora de decir o pedir algo pueden causar en las demás personas malestar o rechazo.
- Todas las personas no somos iguales y ante una situación tensa respondemos de forma diferente: se puede llorar o reír ante una misma situación.
- A veces prejuzgamos a las personas porque son de una determinada cultura, nacionalidad, equipo de fútbol, grupo, etc., sin saber nada de ellas ni darles una oportunidad para que se expliquen.

A veces, el tono de voz o la actitud molestan más que las palabras.

¿Qué podemos hacer ante un conflicto?

El mejor sistema para resolver un conflicto es el diálogo. Después de reflexionar hay que intentar explicar nuestro punto de vista, analizar la situación, escuchar las ideas del interlocutor

Pasos para resolver un conflicto

1. Reconoce que hay una situación de conflicto.
2. Ten voluntad de solucionarlo.
3. Analiza tus sentimientos y emociones.
4. Estudia las posibles alternativas al problema.
5. Sé paciente y no te alteres.
6. Aprende a escuchar al otro.
7. Sé flexible e intenta arreglar las cosas.
8. Reconoce tus errores y acepta tus responsabilidades.
9. Aprende a sustituir el TÚ por el YO.
10. Tú pasas de mí… Yo me siento fuera.
11. Tú siempre tienes la razón… Yo también tengo ideas.

VOCABULARIO

Acosar: tratar mal a alguien continuadamente.

Intimidar: asustar a alguien con insultos y amenazas.

Coacción: presionar a alguien con amenazas para que haga algo en contra de su voluntad.

Provocar: comportarse de tal modo que haga enfurecer al adversario.

***Bullying*:** palabra inglesa que significa intimidar o maltratar.

y argumentar nuestra postura. El diálogo nos permite conocer lo que pensamos todos y podemos acercar algunas posturas que parecían opuestas. También si cada uno cede algo de sus exigencias iniciales, será más fácil encontrar una solución en la que todos participemos y nos comprometamos a respetar juntos.

¿Qué es el acoso escolar?

Se usa la expresión *acoso escolar* para aludir al maltrato y la intimidación a compañeros de la escuela o en los grupos de amigos. Suele consistir en burlas, amenazas, agresiones físicas, aislamiento, insultos, etc. También se nombra con la palabra inglesa *bullying*. Estos actos se repiten a menudo y se prolongan durante un período largo de tiempo.

El acoso es una actitud negativa y cobarde porque siempre suele estar promovido por alguien que se apoya en un grupo y que ataca a una víctima indefensa, que por sí sola no es capaz de salir de esta situación. La mayoría de las veces estas situaciones se mantiene porque los adultos ignoran lo que está pasando o por la pasividad de los compañeros que rodean a los agresores y a las víctimas, que no intervienen para pararlo.

¿Se puede mediar en los conflictos?

Muchas veces, cuando tenemos un problema con otra persona, la ira, el enfado o el nerviosismo nos impiden ver con claridad lo que pasa y hacen que todavía nos encerremos más en nuestra postura. Para eso están los mediadores, que son personas que ayudan a resolver los conflictos haciendo que los interesados tengan una visión imparcial del problema y animándolos a buscar una solución conjunta.

Un mediador debe estar muy atento a lo que ocurre a su alrededor y ser capaz de negociar.

CUALIDADES DE UN MEDIADOR

1. Sabe escuchar a las dos partes.
2. Es imparcial, es decir, no toma partido por ninguna de las partes.
3. Es capaz de analizar los problemas y de proponer posibles soluciones.
4. Ayuda a la comunicación y mantiene en secreto lo que le cuentan.
5. Anima a cada una de las partes a que se traten con respeto y confianza.
6. Puede mediar entre compañeros o entre estos y los adultos.

A menudo, el acoso o el rechazo de una persona tiene motivos irracionales, por ejemplo, porque tiene alguna característica poco habitual.

REFLEXIONAMOS

- Escribe una lista de cosas que te parezcan conflictos en casa, en el colegio, en la calle, con los amigos.
- Compara tu lista con la de tus compañeros. ¿Hay cosas iguales? ¿Hay cosas diferentes? ¿Son todas conflictos? ¿Por qué?
- ¿Cómo definirías un conflicto? Compara tu definición con la que da el diccionario.
- Con ayuda de tu profesor o profesora intenta definir una estrategia para ser mediadores en algún conflicto.
- ¿Cuáles son los conflictos más habituales que aparecen en la prensa o las noticias de la televisión? ¿Qué podríamos hacer para reducirlos?
- Escribe un artículo para el periódico escolar sobre el conflicto que te haya llamado más la atención.

Tras los libros

«A golpes, contra el suelo, desahoga su rabia y su miedo. Intenta comprender por qué sufrir le toca a él [...] ...

Se esconde tras los libros, ya ni en la escuela lo dejan, notitas de amenaza que le llegan a su mesa, la paciencia se le agota y no sabe bien qué hacer, si contar lo que le pasa o guardárselo para él... [...]

Empieza, otro día, dispuesto a romper su cobardía, no quiere sufrir más, y está cansado de llorar [...]

Le cuenta a su padre [...]. Confía y no huye, por fin se queda atrás su oscura realidad. Ya no se encuentra solo, tiene alguien a su lado, ellos le han dado la vida que a la fuerza le quitaron. Y sufrieron en silencio, todo lo que sufrió él. Ahora el miedo se ha acabado y forma parte de su ayer [...]

Y rompe a reír, cada despertar, sin miedo a enfrentarse a su nueva realidad, no entiende por qué se pudo callar, y el miedo robó las palabras para hablar. Ya puede reír, hablar sin temblar. Se siente arropado por personas que por siempre le querrán. Ahora, piensa que es mejor haber hablado que vivir para llorar.»

Canción *Tras los libros*, de Kiko y Shara

Le insultan con frecuencia en el colegio /instituto

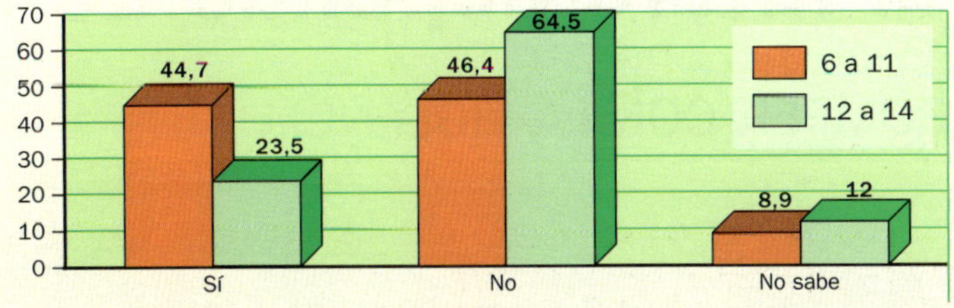

Existencia de niños marginados en su clase

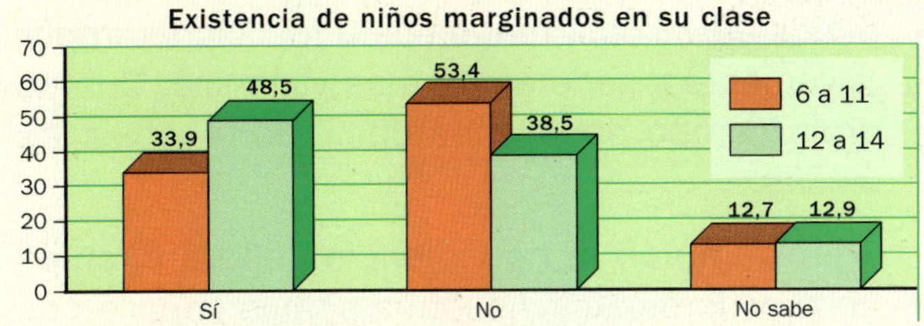

Se debe pegar para defenderse

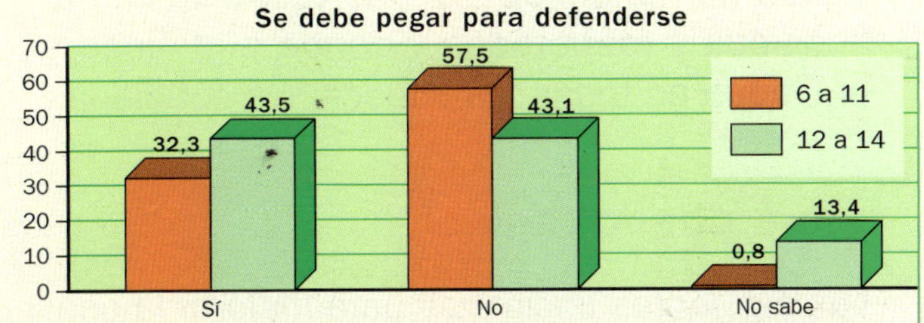

FUENTE: Fernando Vidal y Rosalía Mota: Encuesta de Infancia en España 2008

TRABAJO PRÁCTICO

Os proponemos hacer un trabajo sobre convivencia pacífica.

Para prevenir los conflictos es importante adoptar una cultura pacífica en la escuela y en el tiempo libre. Pero ¿cómo podemos conseguirlo? ¿Qué se puede hacer en nuestro grupo de clase y con nuestros amigos?

1. Haced un resumen de la letra de la canción de Kiko y Shara y contestad a las siguientes preguntas:
   - ¿Por qué se siente tan mal?
   - ¿Qué le hace cambiar? ¿Cómo cambia su situación?
2. Trabajad con las estadísticas de esta página. ¿Qué expresan esas tablas? ¿Os han sorprendido? ¿Por qué? ¿Qué ocurre en vuestro centro?
3. A menudo no damos importancia a los insultos, los motes, las amenazas y expresiones dañinas, pero eso es violencia verbal. ¿Creéis que tienen importancia? ¿Por qué?
4. La violencia psicológica en clase consiste en marginar a compañeros, hacerles chantaje, hacer circular cotilleos y ridiculizaciones. ¿Cuándo se dan esas situaciones? ¿Por qué? ¿Cómo deberíamos reaccionar ante ellas?
5. Preparad una lista de «buenas prácticas» contra la violencia: idead cinco frases. Dadles forma de carteles, ilustrándolas con fotografías o dibujos.
6. Los códigos de conducta recogen las cosas que no son aceptables entre nosotros. A veces ayuda ponerlos por escrito para comprometernos todos a denunciar cuando no se cumplen. Haced vuestra propia lista de lo no aceptable, por ejemplo:

   «Entre nosotros no toleramos los insultos.»
7. Sabemos que lo más eficaz para prevenir el acoso es desenmascararlo rápidamente. Elaborad una lista de actuaciones que comprometa al grupo si observáis algún comportamiento violento.

El futuro depende de mí

ROMPER CON LA VIOLENCIA

Romper el círculo de la violencia

La violencia crea un círculo vicioso. Si nos sentimos agredidos, tendemos a reaccionar impulsivamente y generamos más violencia. Cuanto más tiempo pasa, más difícil es resolver las cosas.

Pero también la no violencia genera círculos muy poderosos. Y nosotros somos capaces de crear un ambiente en el que todos se sientan acogidos y respetados y donde el diálogo se practique en todas las situaciones cotidianas.

¿Qué puedo hacer?

Las siguientes iniciativas para mejorar la convivencia las han propuesto un grupo de chicos de tu edad, ¿se te ocurren algunas más?

- Mostrar interés por las cosas de mis compañeros y conocerlos mejor.
- Ser amable y compartir las conversaciones.
- Tener sentido del humor y saber reírme sin ser ofensivo.
- Pedir a otros que se unan a lo que hacemos en grupos.
- Ofrecer ayuda cuando alguien la necesita.
- Ser acogedor con los nuevos compañeros.
- Organizar juegos y actividades para todos.

¿Qué podemos hacer todos?

Si todos decidimos romper el silencio cuando nos enteremos de episodios de maltrato y discriminación, será fácil que las cosas mejoren. Hay que estar atentos en situaciones como las siguientes:

- En los patios y cambios de clase empiezan muchos conflictos por tonterías. Fíjate en lo que pasa a tu alrededor.
- Las víctimas suelen aislarse y estar tristes. No dejéis que se excluya a nadie del grupo sin averiguar las causas.
- No aceptéis sin hacer nada expresiones violentas, insultos y agresiones pequeñas.
- Algunos juegos, películas o cómics refuerzan la cultura de violencia y hacen parecer normales cosas que no lo son... Aprended a ser críticos con lo que veis y preguntaos si las cosas pueden ser diferentes.
- Acostumbraos a hablar abiertamente de estas cosas entre vosotros y con los adultos.

CUÉNTALO EN CASA

- El apoyo de los adultos es muy importante para romper con las situaciones graves de violencia. Cuenta en casa alguno de los casos que has analizado en el tema.
- ¿Qué piensan en tu familia que debes hacer si alguien te insulta en el patio? ¿Y si te pegan?
- Algunos piensan que si hablas con los profesores te conviertes en un chivato. Dialoga con tus compañeros sobre las ventajas y desventajas de contárselo a un adulto. ¿A qué conclusión llegas tú?

ERES CAPAZ DE

Hacer un Plan de Convivencia

Para mejorar la convivencia en los centros escolares, todos los colegios elaboran un Plan de Convivencia donde se describen las acciones que deben realizarse para evitar los conflictos o las agresiones. Este Plan de Convivencia también recoge los derechos y deberes de los alumnos y marca cómo mediar en los problemas. La Comisión de Convivencia, que está formada por padres, profesores y alumnos, se encarga de que el Plan se ponga en marcha y actúa en aquellos casos en que la solución es difícil de tomar.

Vamos a trabajar sobre el Plan de Convivencia del centro, partiendo de una situación:

Rebeca sabe que Eva tiene problemas. A la salida de clase, a menudo la espera un grupo de compañeros y se burlan de ella. La llaman «cuatro ojos» desde que le pusieron las gafas nuevas y lo está pasando muy mal. Hoy ha visto cómo la empujaban en el patio. Pero no sabe qué hacer. Si se lo dice a la profesora, la llamarán chivata y eso es casi peor. Así que no ha hecho nada.

Si queremos tener una buena convivencia, no podemos ignorar los problemas de los demás.

EN GRUPO

- ¿Qué debe hacer Rebeca? ¿Y Eva? Describid los pasos que tendría que dar cada una.
- ¿Y qué creéis que debe hacer la profesora? ¿Qué haríais cada uno de vosotros en su lugar?
- ¿No hacer nada es una solución? ¿Por qué?
- ¿Conocéis el Plan de Convivencia de vuestro colegio?
- ¿Qué ocurre cuando alguien provoca una situación que va contra la convivencia en el colegio? Describe los pasos que se siguen.
- Elaborad un plan sencillo de convivencia para la clase con todo lo aprendido:
  - Introducción: describid cómo os gustaría que fuera la relación entre todos los compañeros y con los profesores.
  - Haced una lista de las cosas concretas que ayudan a crear ese clima de convivencia.
  - Haced otra lista de las cosas que hay que evitar para mantener la calidad de esa convivencia.

8 Necesitamos organizarnos

Todas las sociedades humanas necesitan de una organización. La política es el modo de organizar y dirigir las actividades que las instituciones realizan en beneficio de sus ciudadanos. La participación de los ciudadanos en la política a través de representantes se llama democracia; pero la democracia no se limita al derecho a elegir a los representantes políticos en esas instituciones. La vida democrática de una sociedad se manifiesta en la participación activa y responsable de todas las personas que conviven en ella en el funcionamiento y la organización de la vida social.

Artículo 20

Tienes derecho a participar en la política de tu país, ya sea perteneciendo al gobierno, ya eligiendo los políticos que tengan las mismas ideas que tú. Los gobiernos serán elegidos regularmente por votación y la votación debe ser secreta. Tienes derecho a un voto y todos los votos deben ser de igual valor. También tienes el mismo derecho que cualquier otro a trabajar en la administración pública. (Adaptado)

Rebelión en la granja

Los animales de la granja del señor Jones estaban hartos de que este no los cuidara como debía, olvidando sus responsabilidades con ellos, como darles de comer, limpiarlos, etc. Por eso un día, incitados por los cerdos, planearon una rebelión contra los humanos.

La revolución triunfó y la granja comenzó a prosperar; los animales tenían nuevos planes, como estudiar o construir un molino.

Al principio tomaban las decisiones entre todos y dictaron unas leyes basadas en la igualdad de todos los animales. Las cosas marchaban bien.

Sin embargo, pronto hubo desacuerdos entre los cerdos. Uno de ellos, Napoleón, ayudado por los perros, consiguió expulsar de la granja al cerdo que le había llevado la contraria, y acabó haciéndose con el poder. Comenzó entonces una dictadura en la granja: Napoleón mandaba a sus anchas y los demás obedecían. Cambió la ley dando privilegios a los cerdos, que consiguieron que los demás animales trabajaran para ellos e incluso llegaron a negociar con sus enemigos, los hombres, para comprar comida y construir el molino, incumpliendo las leyes que habían pactado entre todos.

EN GRUPO

- ¿Contra qué creéis que se pueden rebelar los animales en una granja? ¿Qué hace cambiar a los animales?
- ¿Creéis que estaba bien que los animales basaran sus leyes en la igualdad? ¿Por qué?
- ¿Qué ventajas puede tener una ley basada en la igualdad?

VAS A APRENDER

- Conocer la importancia que tiene la participación de los ciudadanos en la vida pública.
- Descubrir cómo las organizaciones políticas plasman sus ideales en los programas electorales.
- La importancia de cumplir las promesas realizadas y ser coherente con ellas.

En la piel del otro

Cuando no hay democracia

En nuestro país actualmente disfrutamos de la democracia y, como hemos nacido en este sistema, nos parece lo natural. Sin embargo, en otros lugares del mundo y en otras épocas no muy lejanas el poder está concentrado en manos de unos pocos que gobiernan sin respetar los derechos de los ciudadanos, son los países gobernados por regímenes totalitarios y dictaduras. Se persigue a las personas por sus ideas o por sus creencias hasta llegar a situaciones tan terribles como el Holocausto.

Contra los judíos

Sábado, 20 de junio de 1942

[...] Después de mayo de 1940, los buenos tiempos quedaron definitivamente atrás: primero la guerra, luego la capitulación, la invasión alemana, y así comenzaron las desgracias para nosotros los judíos. [...] se nos privó de muchas libertades. Los judíos deben llevar una estrella de David; deben entregar sus bicicletas; no les está permitido viajar en tranvía [...] tampoco en coches particulares; los judíos sólo pueden hacer la compra desde las tres hasta las cinco de la tarde; sólo pueden ir a una peluquería judía; no pueden salir a la calle desde las ocho de la noche hasta las seis de la madrugada; no les está permitida la entrada en los teatros, cines y otros lugares de esparcimiento público [...] en las piscinas ni en las pistas de tenis, de hockey ni de ningún otro deporte; [...] no les está permitido estar sentados en sus jardines después de las ocho de la noche, tampoco en los jardines de sus amigos; los judíos no pueden entrar en casa de cristianos; tienen que ir a colegios judíos, y otras cosas por el estilo. Así transcurrían nuestros días: que si esto no lo podíamos hacer, que si lo otro tampoco. Jacques siempre me dice: «Ya no me atrevo a hacer nada, porque tengo miedo de que esté prohibido».

Diario de Ana Frank

Deportado en Siberia

Había que salir al trabajo cualesquiera que fueran los grados de temperatura. Por lo demás, los viejos del lugar calculaban casi con exactitud el frío sin termómetro alguno: si había niebla helada, quería decir que afuera hacía cuarenta grados bajo cero; si al expulsar el aire éste salía con un silbido pero aún no costaba respirar, significaba que hacía cuarenta y cinco grados; pero si la respiración era ruidosa y faltaba el aire, entonces era que estábamos a cincuenta. Por debajo de los cincuenta y cinco un escupitajo se helaba en el vuelo.

VARLAM SHALÁMOV, *Relatos de Kolimá*

La lucha de una madre

Tuve que dejar la casa, y bueno, ya después en mi casa yo no hacía nada; la prioridad era salir a buscar a mi hijo, y entré en una espiral de locura, ¿no?, porque es una locura. Pero de bajar los brazos no, ¡nunca! Y miedos [....] me llamaban, me amenazaban, me decían que me iban a meter presa, me trataron mal. [...] cada vez que iba a la comisaría me trataban de cabecilla, y la amenaza siempre era muy fuerte. Después me llamaban a mi casa, me amenazaban, me pintaron todo el barrio con el nombre «madre terrorista», todo el nombre completo [Nora Cortiñas].

NORA CORTIÑAS, madre de la Plaza de Mayo

PARA MI REFLEXIÓN

Ana Frank era una niña judía de trece años que tuvo que vivir escondida en un desván junto a su familia durante la Segunda Guerra Mundial. Allí escribió su diario en el que narra el cambio político de su país y cómo les arrebataron sus derechos por ser judíos.

- ¿Qué criterio se aplicó en el caso de Ana para separarles del resto de ciudadanos?
- Investigad entre todos cómo terminó la vida de Ana y su familia.

Varlam Shalámov era un poeta ruso, que fue enviado a Siberia por el régimen totalitario de Stalin y torturado durante muchos años. En sus cuentos y poemas relató todo el sufrimiento que vivió durante su cautiverio. Decía que recordar era una forma de oponerse a la barbarie. Pasó diecisiete años en prisión por ser escritor.

- ¿Cómo os sentiríais si los gobernantes decidieran quitaros vuestros derechos?
- ¿Hay algo que pueda justificar estas medidas?

EN GRUPO

Con ayuda de vuestro profesor o profesora investigad sobre los conceptos de «régimen totalitario» y «dictadura». Reflexionad juntos sobre los siguientes problemas:

- El artículo 19 de los Derechos Humanos dice: «Tienes derecho a pensar y decir lo que quieras y nadie debe prohibirte hacerlo. También debes poder compartir tus ideas con personas de cualquier otro pais».
  - ¿Se puede garantizar este derecho en países con dictaduras?
  - Investigad en la historia de vuestra localidad. ¿Conocéis algún relato de alguien que fuera perseguido por sus ideas políticas o religiosas?
- En Argentina muchas madres han perdido a sus hijos. Muchos de ellos desaparecieron un día de sus trabajos o de sus casas y jamás han sido vistos. Las Madres de Mayo se organizaron y denunciaron estos hechos.
  - ¿Cómo crees que se sentiría tu madre si alguien te secuestrara?
    ¿Cómo te sentirías tú si fuera un familiar tuyo el que desapareciera?

La democracia

Dónde se aprende la democracia

La democracia es una forma de organización social que se caracteriza por la participación de todos los ciudadanos en las decisiones y las acciones para el bien común.

Aprender a ser democráticos es un largo proceso en el que debemos esforzarnos por ser tolerantes con los demás, aprender a comportarnos con respeto a las personas y a las ideas, y promover y acatar las leyes que se han elaborado entre todos.

La democracia no se aprende en los libros de texto porque es una forma de vida y debe estar presente en todas las actividades que se desarrollan cada día en el trabajo, en la escuela o en la comunidad.

La democracia se practica en las actividades diarias porque es una forma de vida basada en el respeto y la tolerancia.

La Constitución

La Constitución es un documento en el que se establecen las normas y reglas de la vida en sociedad de un país. Muchos paises tienen su Constitución y en ella se reconocen los derechos y obligaciones de sus ciudadanos. En la Constitución se establece la manera en la que se va a gobernar, los organismos que han de administrar el país, cómo se van a elaborar las leyes, etc.

Tras la muerte del general Franco, en noviembre de 1975, España comenzó su camino hacia la democracia. Se reformaron las leyes que regulaban la política del país y se convocaron elecciones democráticas para elegir el gobierno. A partir de ese momento un equipo de personas, llamado la Ponencia Constitucional, empezó a redactar la Constitución, un trabajo duro y complicado porque este documento tenía que ser válido para todos los ciudadanos de este país.

El 6 de diciembre de 1978 se aprobó en referéndum la Constitución española, que recoge las leyes para una convivencia pacífica y democrática de los ciudadanos.

La ONU proclamó el día 15 de septiembre como el Día Internacional de la Democracia, para apoyar a los países que todavía no la disfrutan.

El rey don Juan Carlos I en el momento de firmar la Constitución española, acompañado de la reina doña Sofía y del príncipe Felipe. El acto se celebró el 27 de diciembre de 1978 en el Congreso de los Diputados.

Los valores de la democracia

La democracia no es poder votar para que un partido alcance el gobierno y pueda hacer lo que quiera. En los sistemas democráticos lo que hacen los partidos políticos es ponerse de acuerdo, mediante el **diálogo**, el **respeto** y la **negociación**, sobre aquellas decisiones que afectan a la gran mayoría de los ciudadanos.

En España, los partidos ponen en práctica estos valores por el bien del país y sus habitantes en el Congreso de los Diputados y en el Senado.

Otro de los grandes valores de la democracia es la **participación** de los miembros de la comunidad en las decisiones importantes mediante el sufragio universal y referéndum.

El preámbulo de la Constitución recoge los valores y los principios básicos de la democracia, como la **igualdad** de los derechos de todos, la **justicia**, la **libertad**, la **pluralidad** y la búsqueda de una convivencia pacífica con todos los pueblos de la tierra.

Detalle de la fachada del Congreso de los Diputados. En este lugar los diputados, como representantes elegidos por los ciudadanos, debaten y elaboran las leyes de nuestro país.

Monumento a la Constitución en Madrid. Es una escultura en mármol blanco, obra de Miguel Ángel Ruiz-Larrea.

REFLEXIONAMOS

- ¿Cuál es la mejor manera de elegir el representante de nuestra clase?
- ¿Qué características tiene que tener el elegido?
- ¿Sería válida una votación en la que te amenazaran?
- En casa tus tres hermanos y tú decidís que no vais a contribuir a las tareas. Tus padres tienen que aceptar esta decisión porque están en minoría, ¿es justo?
- ¿La mayoría siempre tiene razón? ¿Debe hacerse todo por mayoría?
- Escribe tres ejemplos de cómo llegar a acuerdos sobre la actividad que vais a desarrollar en el festival de fin de curso.
- ¿Cómo te sientes cuando se toman decisiones que te afectan y no eres consultado? ¿En qué ocasiones haces tú lo mismo?

Si yo fuera alcalde…

¿Sabes lo que hace un alcalde? El alcalde o alcaldesa es la persona que preside, dirige y representa al Ayuntamiento de una ciudad o un municipio y para ello cuenta con un equipo de concejales que son elegidos por los vecinos y que se ocupan de diferentes áreas: cultura, urbanismo, educación, limpieza, etc. Los concejales eligen al alcalde de entre ellos.

Las funciones de un alcalde están reguladas por la ley. Entre ellas están las siguientes:

1. Cumplir y hacer cumplir la Constitución y las leyes, normativas y ordenanzas vigentes.
2. Mantener el orden público en el municipio.
3. Dirigir, inspeccionar e impulsar los servicios y obras municipales.
4. Adoptar las medidas necesarias y adecuadas en caso de catástrofe o de infortunios públicos y grave riesgo de los mismos.
5. Sancionar las faltas de desobediencia a su autoridad o por infracción de las ordenanzas municipales, salvo en los casos en que tal facultad esté atribuida a otros órganos.
6. Ser responsable de todas aquellas acciones administrativas relacionadas con el cumplimiento de las leyes y normas municipales.
7. Organizar las entidades y dependencias municipales.
8. Promover proyectos de desarrollo económico y social, obras públicas, etc.
9. Colaborar con el pleno municipal para un buen desempeño de sus funciones.
10. Ordenar los gastos municipales de acuerdo con un presupuesto.

EN GRUPO

Dividid la clase en dos grupos. Cada uno va a representar un partido de la corporación municipal y redactará un programa electoral explicando los cambios y mejoras que habrá si salen elegidos.

- Buscad un nombre que os represente y diseñad un logotipo.
- Realizad una lista de cosas que vais a mejorar de salir elegidos. Pensad en todos los sectores de la población y ponedlas en orden de importancia.
- Incluid un proyecto solidario en la localidad o con otros países.
- ¿Qué recursos económicos vais a necesitar para poder llevar a cabo vuestro proyecto? (personas, empresas, materiales, maquinarias, infraestructuras…).

Para organizar vuestro trabajo:

- ¿Quién sería el alcalde de vosotros?
- Distribuid entre los restantes las Concejalías (cultura, urbanismo…).
- ¿Cómo pensáis informar a los ciudadanos?

TRABAJO PRÁCTICO

- Diseñad el cartel de la campaña recogiendo vuestras propuestas, nombre y logotipo.
- Presentad vuestra campaña con un pequeño mitin donde expliquéis quiénes sois y qué propuestas presentáis. Escuchad el resto de propuestas.
- Preparad una urna y las papeletas para la votación.
- Votad las distintas propuestas.
- Si un partido saca solo algunos votos más que el otro, ¿pensáis que puede representar a toda la clase? Pedid ayuda a vuestro profesor o profesora sobre lo que podéis hacer en ese caso.

Valorad el trabajo práctico contestando individualmente las siguientes preguntas:

- ¿Cómo te has sentido pudiendo organizar la vida social de muchas personas?
- ¿Qué cualidades debe tener una buena campaña electoral?
- ¿Qué tarea te ha resultado más difícil?

El futuro depende de mí

POR QUÉ SE PAGAN IMPUESTOS

Los impuestos son el dinero con el que los ciudadanos contribuyen al coste de los servicios públicos que dan el Estado y las Comunidades Autónomas.

Algunos de estos servicios son la seguridad, la sanidad, la educación, las obras públicas.

Por eso tenemos carreteras, hospitales, colegios, parques, etc. Con los impuestos también se paga a las personas que velan por nuestra seguridad y bienestar, como la policía, bomberos, militares, médicos, maestros, barrenderos, etc.

La Hacienda Pública

La Hacienda Pública es el organismo que administra los impuestos que pagan todos los ciudadanos, y que varían según los ingresos, es decir, quien gana más, paga más.

Las personas pagan impuestos a lo largo de su vida laboral, sin embargo, cuando dejan de trabajar porque se jubilan o porque se encuentran en paro, Hacienda les da el dinero que necesitan para vivir, en forma de subsidios y pensiones. Este dinero se obtiene de los impuestos.

Por eso las personas jubiladas, enfermas o paradas reciben **pensiones** del Estado. El Estado ayuda también a quien lo necesita con becas de libros para escolares, becas universitarias, ayudas para el transporte o para tener una vivienda, etc.

Con nuestros impuestos, podemos mejorar muchas más cosas porque el dinero del Estado también contribuye al avance en la investigación científica y tecnológica, médica y sanitaria y a la construcción de carreteras y demás obras públicas.

España dedica también una gran parte de los impuestos a aquellos sectores de la sociedad que prestan su servicio a proyectos solidarios tanto en nuestro país como fuera de él.

EN GRUPO

- Averiguad en qué momentos pagáis vosotros un impuesto y cómo lo hacéis.
- Preguntad a vuestros familiares qué impuestos pagan.
- ¿Cómo os beneficiáis de esos impuestos? Escribid una lista de las cosas que podéis disfrutar gracias a las inversiones que se realizan con los impuestos.
- ¿Has oído la expresión «Hacienda somos todos»? ¿A qué se refiere?
- Nuestra contribución también consiste en mantener aquellas cosas que son de todos. Realizad unas normas de uso para mantener en buen estado las calles de vuestra ciudad.

CUÉNTALO EN CASA

- Explica lo que has aprendido en esta unidad y la importancia de participar en la vida política de nuestro país.
- Pide a tus padres que te cuenten cuándo han ido a votar por última vez.
- ¿Habéis visto programas de televisión, reportajes o series donde se describan tiempos anteriores a la democracia? ¿Qué experiencias cuentan? Preguntad a las personas mayores de vuestras familias en qué ha cambiado la vida. Reflexionad sobre las diferencias con la vida actual.

ERES CAPAZ DE

Hacer preguntas a los políticos

En algunos programas de televisión los ciudadanos de la calle hacen preguntas en directo a los políticos más importantes.

Vamos a intentar ponernos en el lugar de unas cuantas personas que querrían formular una pregunta sobre algún aspecto que afecta a su vida.

Observad los personajes del dibujo y pensad entre todos las preguntas que, según vosotros, podría hacer cada uno de ellos a un personaje político que elijáis entre todos, por ejemplo, el presidente del Gobierno, el presidente de vuestra Comunidad Autónoma, el alcalde de vuestra localidad, etc.

- ¿Qué preguntas le formularía cada uno?
- ¿Son preguntas personales o afectan al colectivo al que representan?
- ¿Qué pedirías para tu barrio?
- Piensa en otras situaciones que vivan las personas de tu alrededor y añade las preguntas que le podrían hacer.
- ¿Qué le pediríais en tu escuela? ¿Qué querrías cambiar?
- ¿Podríais darle algún consejo?

9 El mundo en que vivimos

Los colores del bosque en otoño, el sonido del agua del río o el olor de la tierra mojada tras la lluvia son algunas de las cosas que nos hacen sentir el privilegio de vivir en este mundo.

Pero a veces, por causas naturales o por acciones imprudentes, ocurren catástrofes y accidentes que destruyen la naturaleza y dañan o hacen desaparecer para siempre toda esa belleza y armonía.

En esas ocasiones la ayuda de las instituciones y la colaboración de voluntarios son muy importantes para reparar en lo posible los daños que sufren el entorno natural y las personas.

Artículo 29

Tienes obligaciones con la comunidad puesto que solo en ella puede desarrollarse bien tu personalidad. La ley debe proteger los derechos humanos. Debe permitir a cada uno respetar a los demás y ser respetado. (Adaptado)

- **¿Qué repercusiones tienen las acciones del ser humano contra las plantas y animales del planeta?**
- **¿Conocéis algún caso de maltrato al medio ambiente?**

Habla el planeta Tierra

Cuando contaminado y sucio yo me veo,
por culpa de mis necios habitantes
sufro, lloro, me agito y pataleo.
Yo quiero seguir siendo, como antes,
el gran planeta Tierra, pues poseo
montes, mares, paisajes fascinantes,
y, aunque en muchos lugares estoy feo,
guardo vida y riquezas abundantes.
No merezco este trato tan violento,
ni que abuséis de mí de esta manera.
Si os doy aire, cobijo y alimento,
dejad de herirme ya, tened conciencia.
Respetad y cuidad la Tierra entera,
pues soy vuestro futuro y vuestra herencia.

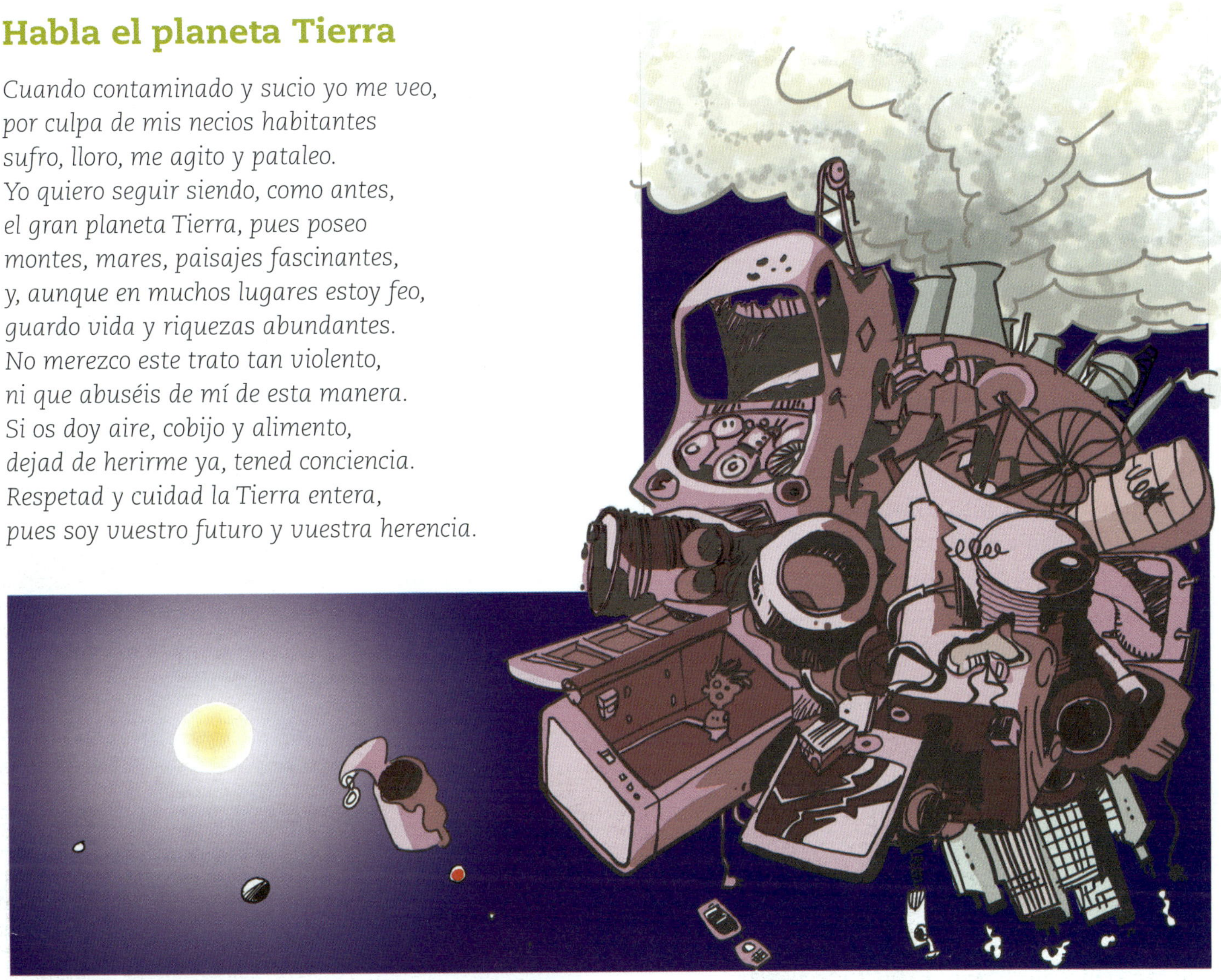

EN GRUPO

- Escribe junto a cada imagen de la página anterior los sentimientos y emociones que te provocan.

  Bosque verde
  Bosque quemado
  Elefantes libres
  Colmillos de elefantes muertos
  Paisaje con agua
  Paisaje desértico

- ¿Tienen las plantas y los animales derechos?
- ¿A qué se refiere el poema cuando dice que el planeta sufre por culpa de sus habitantes?

VAS A **APRENDER**

- Los derechos y obligaciones que nos hacen responsables del futuro.
- La necesidad de cuidar el medio ambiente como ámbito para poder vivir.
- El respeto a las normas para transitar por la calle y de seguridad vial.
- Que existen instituciones dedicadas a la protección y defensa de los derechos de todos.

En la piel del otro

Los que ayudan a los demás

La labor de los bomberos

Barcelona, 16 de abril (EFE).

Los bomberos de la Generalitat han rescatado hoy sanos y salvos a cuatro jóvenes que habían quedado incomunicados cuando practicaban barranquismo en el barranco de Gurp, en el municipio de Tremp (Lleida). Según han informado los bomberos de la Generalitat, el aviso de la desaparición de los jóvenes, tres chicos y una chica, se produjo sobre las 21.55 horas de ayer y a las 06.40 horas de hoy ha finalizado el rescate del grupo.

Los jóvenes han sido localizados sanos y salvos en un lugar de difícil acceso del barranco de Gurp, en una zona que coincide con la entrada de un río que aumenta el nivel del agua.

Al servicio de la comunidad

La pasada noche Gema se puso de parto mientras su marido estaba de viaje. Se dio cuenta de que su bebé tenía prisa por nacer y sin pensarlo llamó al 112. Enseguida se presentó un policía local que, al ver que el nacimiento era inminente, asistió a la madre que dio a luz a los pocos minutos.

La madre y el bebé se encuentran en perfecto estado en el hospital y agradecen la ayuda del policía local, que será el padrino de la criatura.

EN GRUPO

- ¿En qué otras acciones de ayuda suelen intervenir los bomberos?
  - ¿Qué cualidades deben tener las personas que realizan estos trabajos?
  - ¿Crees que es una profesión atractiva? ¿Qué es lo que más te atrae de este trabajo? ¿Y lo que menos?
- Los guardas forestales, además de la prevención de incendios, protegen la flora y fauna de los montes donde trabajan. Son personas que disfrutan en la naturaleza y que permiten a todos disfrutarla también.
  - ¿Qué cualidades deben tener las personas que realizan estos trabajos?

– ¿Crees que es una profesión atractiva? ¿Qué es lo que más te atrae de este trabajo? ¿Y lo que menos?

- Los policías municipales no solo intervienen en cuestiones relacionadas con el tráfico o la delincuencia. También realizan actividades de ayuda al ciudadano.
  – ¿Qué cualidades deben tener las personas que realizan estos trabajos?
  – ¿Crees que es una profesión atractiva? ¿Qué es lo que más te atrae de este trabajo? ¿Y lo que menos?
- ¿Qué mueve a estas personas a hacer acciones como las descritas?
- Investigad en las siguientes páginas de Internet algún otro cuerpo de seguridad de España.

  http://www.guardiacivil.org/infantil/index.jsp

  http://www.ejercito.mde.es/tucomonosves/esp/misiones_intro.htm

  Elige uno de ellos y busca información que te ayude a realizar un resumen de 15 líneas donde expliques qué hacen y por qué es importante su trabajo.

Cuando falla la responsabilidad

El pasado jueves se produjo un aparatoso accidente en nuestra localidad. Un vehículo perdió el control y se estrelló contra una casa después de arrollar a tres jóvenes que resultaron gravemente heridos.

Los reporteros de varios medios de comunicación pudieron recoger diferentes testimonios sobre lo sucedido.

Los compañeros de los tres jóvenes manifestaron su sorpresa, porque iban tranquilamente por la acera y el coche se les echó encima.

Los padres de los jóvenes heridos están siendo atendidos por psicólogos, ya que el accidente les ha causado una fuerte impresión.

El conductor ha confesado que había tomado unas copas con sus amigos antes de coger el coche para volver a su casa.

REFLEXIONAMOS

- ¿Cuál crees que es la causa del accidente?
- ¿Cómo se podría haber evitado?
- ¿Qué podemos hacer nosotros para prevenir situaciones parecidas?
- En la noticia de prensa, ¿de qué se acusa al conductor?
- ¿Por qué es necesario tener el carné de conducir para poder llevar un coche?
- Investiga qué requisitos tiene que tener una persona para sacar el carné de conducir.

Los problemas del entorno

Nuestra influencia en el medio ambiente

La sociedad y las personas que la formamos nos relacionamos con el medio ambiente y disfrutamos y nos sustentamos con los recursos naturales. Si queremos conservarlos en el futuro debemos fomentar el respeto, la responsabilidad y el cuidado de nuestro entorno. Nuestras acciones diarias tienen un efecto en la naturaleza que aunque individualmente parece muy pequeño, repetido día a día y sumado al que producen los demás llega a ser muy grande. Por eso es importante reciclar las basuras y controlar el gasto de agua y energía. Debemos ser conscientes del efecto que muchas de nuestras acciones tienen en el planeta.

El problema del calentamiento global y el CO_2

Las fábricas, los coches y todo tipo de máquinas y medios de transporte emiten gases que influyen en el calentamiento global o cambio climático, del que seguramente has oído hablar. Se llama así al aumento general de la temperatura que está sufriendo el planeta por culpa de las emisiones de ciertos gases, como el CO_2, que retienen las radiaciones solares.

Solo con el control de los Gobiernos y la responsabilidad de los ciudadanos se puede evitar que en un futuro peligre la vida en el planeta Tierra.

Nosotros también podemos aportar algo para prevenir el aumento de las emisiones de CO^2 aprendiendo algunos hábitos en casa y en el colegio.

Cómo reducir el CO_2 en casa:

1. No meter cosas calientes en la nevera.
2. Mantener el congelador limpio de hielo.
3. Alejar la nevera de fuentes de calor como estufas u horno.
4. No tapar los radiadores con el sofá o cortinas.
5. Usar el microondas para calentar.
6. La lavadora y el lavaplatos deben usarse a plena carga.
7. Apagar las luces innecesarias.
8. Desenchufar los electrodomésticos y no mantenerlos en *standby*.
9. Usar bombillas de bajo coste.
10. Reciclar las basuras y evitar la compra de alimentos con envoltorio innecesario.

Muchas de las cosas que hacemos diariamente tienen efecto en la naturaleza.

Equipo de Protección Civil durante unas maniobras de simulación de rescate.

La seguridad en la vida cotidiana

En algunas ocasiones nuestra vida normal se altera porque ocurren situaciones imprevistas en las que nosotros, nuestra familia o nuestros vecinos podemos sufrir daño si no se actúa con rapidez y poniendo las medidas necesarias.

El Gobierno central y los de las Comunidades Autónomas dictan normas para prevenir las emergencias sobre cómo actuar en caso de posibles accidentes o situaciones de peligro que se pueden ocasionar por acciones humanas o por catástrofes de la naturaleza.

Protección Civil

La Dirección General de Protección Civil proporciona la ayuda que necesitan los ciudadanos en casos de accidentes o catástrofes naturales, como riadas, incendios, huracanes o terremotos. También actúa en desastres provocados por la acción humana, como fugas de gases, accidentes de tráfico, ataques terroristas, accidentes en el mar, etc.

En la Protección Civil intervienen diversos cuerpos de seguridad del Estado que se combinan según las necesidades.

¿Sabías que no hace falta tener saldo en el móvil para poder hacer una llamada al 112? Las compañías de móviles ofrecen esta llamada gratuita para facilitar la asistencia rápida en caso de accidentes o catástrofes.

REFLEXIONAMOS

- Cada persona genera al día una media de 2 kilos de basura diaria, dependiendo de la zona.
  - ¿Qué cosas hay normalmente en la basura de casa cada día?
  - ¿Qué podemos hacer para disminuir esta cantidad?
  - ¿Sabes que producimos más basura ahora que hace veinticinco años?
    ¿Cuál es la causa, en vuestra opinión?
- Los científicos han encontrado una relación directa entre el calentamiento global o cambio climático y el aumento de las emisiones de gases que causan el efecto invernadero.
  - Con ayuda de vuestro profesor o profesora investigad cómo se produce este calentamiento. ¿Cómo podemos evitarlo? ¿Qué podemos hacer en el colegio? ¿Y en casa?
  - Investiga más a fondo:
    http://www.ecoeduca.cl
    http://www.pnuma.org/tunza/

entre todos

VOCES

Clase de seguridad vial

En mi clase todos pensábamos que la «seguridad vial» es para los coches y los conductores, pero el otro día en clase de Educación para la ciudadanía la profesora nos enseñó que la seguridad vial es importante para todo el mundo, también para los peatones.

Nos explicó las normas de tráfico que todas las personas que circulan por las calles, tanto conductores como peatones, deben conocer y respetar. También nos contó lo importante que es que nos pongamos el cinturón de seguridad en el coche para evitar accidentes.

Luego hicimos una especie de obra de teatro en el patio. Cada uno tenía que representar un personaje. Yo tuve mucha suerte porque me tocó ser policía local y tenía que multar a los que no cumplían las normas de seguridad y dar premios a los que lo hacían bien.

Fue divertido. Multé a Marta, que era una señora que cruzaba con el semáforo en rojo; a Antonio, por ir en bicicleta sin llevar chaleco reflectante; y a Jorge y a Luis, por empujar a la gente al salir corriendo de clase y cruzar la calle sin mirar.

En cambio, di premios a los hermanos López, por ayudar a cruzar a un señor ciego; a Carmen, por ceder el paso a una mamá que empujaba su carrito; y a Lola, porque impidió a dos niños que cruzaran cuando pasaba un coche.

VOCABULARIO

Calzada: Es la parte de la carretera dedicada a la circulación de vehículos.

Zona peatonal: Es la parte de la vía reservada a la circulación de peatones (aceras, andenes, paseos y refugios).

Guía del peatón

Se debe hacer	No se debe hacer
Caminar por la izquierda, de cara a los coches que vienen de frente.	Jugar o hacer carreras que puedan molestar a otros peatones.
Prestar atención a los garajes y salidas de vehículos.	Impedir el paso a los demás.
Ayudar a cruzar a quienes lo necesiten.	Llevar a los perros sin correa.
Cruzar por los pasos de peatones siguiendo las instrucciones del semáforo o del policía local.	Salir a la calzada entre coches o árboles que impidan que se nos pueda ver con tiempo.
Mirar a la derecha y a la izquierda antes de cruzar.	Caminar por el bordillo o muy cerca de él.

TRABAJO PRÁCTICO

Desde hace varias semanas más de diez jóvenes con sus monopatines han tomado las calles de la ciudad. Sortean los coches de forma peligrosa y ya han provoc ado accidentes en dos ocasiones. El pasado sábado uno de ellos arrolló a una anciana, que resultó herida. El joven ni tan siquiera paró. Fueron unos niños los que llamaron al 112 y atendieron a la anciana hasta que llegó una ambulancia.

Debate.

Cada uno de vosotros debe apoyar o asumir un papel en el debate:

- Los jóvenes del monopatín que defienden su derecho a circular por la calle.
- Las madres de estos jóvenes que prefieren el monopatín a otras actividades más peligrosas.
- Los peatones que defienden su derecho a circular tranquilos.
- Los conductores que se quejan de que circulen por la carretera y ocasionen frenazos y accidentes.
- Los policías locales que vigilan el cumplimiento de las normas pero que no disponen de medios para perseguirles.
- El Ayuntamiento que marca las normas de circulación en su ciudad.
- Un moderador que mantendrá el debate para que todos den su opinión y controlará el tiempo en que interviene cada uno.
  - Informaos de los derechos y deberes del personaje que vais a desempeñar.
  - Argumentad las afirmaciones.
  - Reconoced los errores y aceptad un cambio de actitud por el bien de la mayoría.
- Reflexionad después del debate, y escribid una propuesta de qué medidas se podrían tomar para respetar los derechos de todos.

El futuro depende de mí

EL NÚMERO 112

Cuando estamos en una situación de riesgo o peligro o en una emergencia, debemos llamar al 112, un número telefónico que permite recibir ayuda. Es un número gratuito, al que se puede llamar incluso desde un móvil sin saldo. Mientras llega la ayuda, un operador auxilia a la persona que ha llamado, dándole instrucciones sobre lo que debe hacer, por ejemplo, en un accidente de tráfico o ante un incendio. También nos atenderán ante una emergencia que ocurra en nuestra casa.

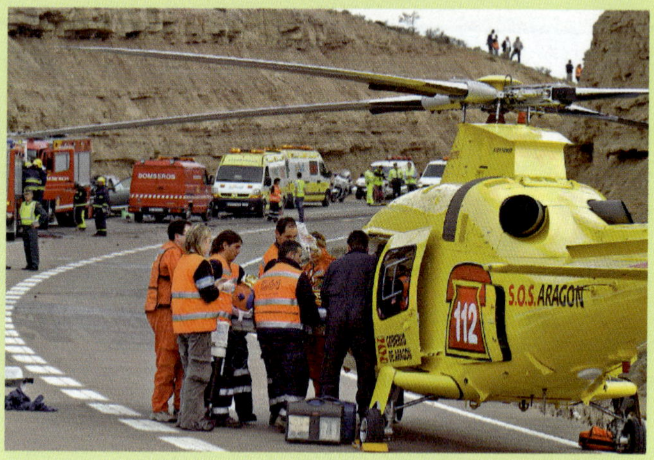

Los planes de evacuación

Todos los lugares públicos, incluido tu colegio, o aquellos donde pueden juntarse muchas personas en un momento determinado, deben disponer de un plan de evacuación. Este plan permite sacar a todas las personas del edificio en poco tiempo sin que sufran ningún percance.

SEÑALIZACIÓN DE SALIDAS DE EMERGENCIA

Ante cualquier situación en la que peligre la vida de las personas, se dispararán las alarmas que anuncian la evacuación. Deberemos mantener la calma y salir del local sin correr ni atropellar a los demás. Es importante ayudar a las personas discapacitadas, ancianos o madres que vayan acompañadas de menores, aunque no se debe ir a buscar a personas u objetos que estén en otras salas.

Deberemos permanecer a una distancia de seguridad del edificio en la que no estorbemos para que los medios que Protección Civil haya enviado puedan desarrollar su trabajo sin problemas. Solo volveremos al edificio cuando se nos avise que ha pasado el peligro.

EN GRUPO

- ¿Qué harías si fueras testigo de un accidente de tráfico en el que un compañero tuyo fuera arrollado en su bicicleta por un coche?
- Piensa y escribe detenidamente qué información deberías dar al llamar al 112.
- ¿Conoces el plan de evacuación de tu colegio? ¿Has participado en una simulación de la alarma contra incendios? ¿Sabes dónde dirigirte al abandonar el edificio?

CUÉNTALO EN CASA

- Explica a tus familiares cómo pueden contribuir en casa para evitar las emisiones de gases nocivos y realizad entre todos un plan para reciclar la basura en casa.
- Prepara un plan de evacuación para tu casa en caso de emergencia: tener números de teléfono a mano, reconocer las posibles salidas, tener un extintor...

ERES CAPAZ DE

Prevenir los riesgos en casa

Gran parte de los accidentes que ocurren en nuestra vida se producen en el hogar. Muchos ocurren en la cocina, en el baño, por descuido o a veces porque los niños más pequeños no son conscientes de los peligros que encierran las situaciones más cotidianas.

En vuestra casa hay diferentes espacios y situaciones donde pueden producirse accidentes. Realizad un listado de estos espacios y los peligros que pueden darse. Pensad en cosas como intoxicaciones, caídas, quemaduras, riesgos con los aparatos eléctricos o los enchufes.

CONSEJOS

- Tener el número 112 como marcación rápida en nuestros móviles y dejar el número visible en casa.
- Conocer los peligros del área geográfica donde vivimos (huracanes, seísmos, maremotos, central nuclear...).
- Tener preparado un pequeño equipaje de seguridad que pueda servirnos en caso de emergencia.
- Recordad a vuestros padres que es necesario llevar en el coche un mapa, una linterna, un botiquín y una manta.
- En caso de catástrofes, hay que intentar mantener la calma y hacer caso de las instrucciones de las autoridades.
- En los accidentes, prestar ayuda a las víctimas en la medida de lo posible y tratar de no entorpecer el tráfico.

TRABAJO PRÁCTICO

- Diseñad algunas señales que avisen de esos peligros para ilustrar vuestra lista.
- Realizad unas normas de cómo actuar en esos lugares para prevenir los peligros.
- Explicad cada una de estas acciones. Aquellas acciones mal realizadas, explicad cómo deberían haberse hecho.
- ¿Cuáles afectan a los niños más pequeños? ¿Y a los ancianos?
- Vuestros padres y familiares os suelen dar advertencias y normas para prevenir los accidentes domésticos. Contadlas al grupo:
  - – ¿Qué normas tenéis todos o la mayoría en común?
  - – ¿Qué normas distintas tiene cada uno?
  - – ¿Modificaríais vuestras normas si veis que alguna de los otros compañeros es interesante?

10 Los derechos son de todos

«Todos tenemos dentro de nosotros un lugar de tranquilidad rodeado de silencio». Estas palabras están grabadas en una placa que se encuentra a la entrada de la Habitación de la Meditación, en el edificio de Naciones Unidas de Nueva York.

Es un lugar donde solo hay un bloque de hierro pulido rodeado por cuatro paredes; tres están desnudas y en la cuarta hay un mural abstracto, con formas geométricas; una luz tenue ilumina la piedra y a la entrada una hilera de bancos invita a sentarse a pensar, meditar, rezar, soñar... disfrutando. El silencio lo llena todo.

Habitación de la Meditación en el edificio de Naciones Unidas de Nueva York.

- **Cerrad los ojos y guardad silencio cinco minutos hasta que el profesor o profesora dé la orden de abrirlos. Durante ese tiempo intentad escuchar los sonidos de vuestro entorno.**
- **¿Se os ha hecho el tiempo corto o largo? ¿Qué explicación podéis dar?**
- **¿Qué es para vosotros el silencio? ¿Es fácil conseguirlo?**
- **¿Qué habéis pensado en esos minutos? ¿Cómo nos sentimos cuando estamos un tiempo largo solos?**

ARTÍCULO 30

Ninguna sociedad ni ser humano de ninguna parte del mundo pueden quitarle a nadie los derechos proclamados en la Declaración de los Derechos Humanos. (Adaptado)

Un lugar para la meditación

La persona que diseñó en 1957 la Habitación de la Meditación del edificio de las Naciones Unidas de Nueva York fue Dag Hammarskjöld, entonces Secretario General. Hammarskjöld ordenó a los delegados que utilizaran para meditar bancos bajos y que se sentaran unos junto a otros en un gesto de unidad.

A la entrada se explica que el bloque de hierro que hay en la habitación significa la eternidad, por ser tan pesado y sólido. Su fortaleza quiere recordar el esfuerzo de la humanidad y la necesidad de elegir entre construir o destruir, entre la guerra y la paz. El hierro sirve para hacer armas, pero también son de hierro las herramientas útiles que se usan para labrar la tierra y construir casas. Es una riqueza que nos ha dado la naturaleza y debemos pensar en cómo usarla bien.

EN GRUPO

- Pensad en la metáfora del hierro. Elaborad dos listas de cosas que pueden hacerse de metal: unas destructivas y otras constructivas. Comparad las listas. ¿Creéis que el símbolo es adecuado? ¿Por qué?
- ¿Por qué se tomó la decisión de poner una habitación para meditar en la ONU?
- ¿Por qué la Habitación de la Meditación de la ONU está dedicada a todos los seres humanos sin importar sus creencias o religión?

VAS A APRENDER

- Que en diferentes lugares del mundo no se respetan los derechos de la infancia.
- A familiarizarte con el trabajo de algunas instituciones y ONG que trabajan en la defensa de los derechos humanos.
- Los derechos del niño y algunas iniciativas para que sean reconocidos de forma eficaz.

En la piel del otro

Los derechos de los niños

Mujeres en la escuela

Rinku tiene quince años y, como sus 40 compañeras de clase, está sentada en el suelo y lleva puesto un shari rosa y violeta, el uniforme. «Cuando acabe la escuela quiero ser profesora [...] nunca vine antes a la escuela porque mi padre no creía que las niñas debieran recibir una educación. Incluso mi madre pensaba lo mismo, ella tampoco asistió nunca a la escuela».

Rinku, India, quince años

La vida de Bhahkita

Bhahkita es una niña de once años que vive en las comunidades nómadas de Sudán. Sueña con llegar a ser algún día ingeniera, para así poder construir fuentes y mejores casas en su comunidad. Según su profesora, es una de las niñas más despiertas de su clase y cuenta con una gran determinación a la hora de aprender.

Bhahkita se levanta a las cinco de la mañana todos los días. Primero ordeña las ovejas, luego limpia los utensilios de la cocina y después prepara té para la familia. En cambio, «los niños rezan, toman el té y se preparan para ir al colegio».

Durante el recreo, justo después del mediodía, corre a casa con dos amigas, Leila y Hawa, para coger los recipientes e ir a buscar agua a 5 kilómetros de la aldea. [...] Como mínimo dos veces a la semana las niñas deben llenar también el depósito que provee de agua a la escuela y que almacena alrededor de 400 litros.

Bhahkita, Sudán, once años. Testimonios de UNICEF

REFLEXIONAMOS

- UNICEF trabaja de forma especial para proteger los derechos de la infancia. Puedes saber más de las iniciativas que llevan a cabo en la educación de niños y niñas como vosotros en su página web: http://www.unicef.es/letras/educacion.htm
- El hecho de nacer niñas ha marcado la vida de Rinku y de Bhahkita. ¿Qué argumentos podemos dar hoy en día para defender sus derechos?
- Con ayuda de vuestro profesor o profesora buscad ejemplos de leyes de iniciativas para proteger los derechos de los niños en nuestro país.

Declaración de los Derechos del Niño

1. Tengo derecho a tener estos derechos.
2. Tengo derecho a disponer de oportunidades y servicios necesarios para mi desarrollo completo.
3. Tengo derecho a tener un nombre y una nacionalidad.
4. Tengo derecho a crecer en buena salud, disfrutar de alimento, vivienda y servicios médicos adecuados.
5. Si tengo alguna minusvalía tengo derecho a recibir tratamiento, educación y cuidados.
6. Tengo derecho a recibir amor y comprensión para el desarrollo de mi personalidad.
7. Tengo derecho a recibir educación gratuita y obligatoria.
8. Tengo derecho a ser de los primeros en recibir protección y socorro.
9. Tengo derecho a ser protegido contra el abandono, la crueldad y la explotación.
10. Tengo derecho a ser protegido contra la discriminación racial, religiosa o de otro tipo.

(Texto adaptado)

EN GRUPO

- Elegid tres de los Derechos del Niño y explicad qué ocurriría si no se respetaran en tu ciudad. ¿Qué pasaría con cada uno de vosotros? ¿Cómo os sentiríais?
- Investigad en las siguientes páginas de Internet.

  ...mas de infancia:
  ...//www.derechosinfancia.org.mx/
  ...ociales y Humanas:
  ...nesco.org/

Escribid un artículo de prensa denunciando lo que más os haya llamado la atención. Recordad:

- Debéis buscar un titular llamativo.
- Resumid en una frase la idea principal.
- Escribid 10 o 12 líneas explicando la situación, lo que se está haciendo para evitarla y lo que podemos hacer todos los miembros de la sociedad para evitarlo.

Iniciativas internacionales

La Organización de Naciones Unidas

El 24 de octubre de 1945, 51 países firmaron la carta fundacional de la Organización de Naciones Unidas (ONU). La ONU nació con el propósito de reunir a todas las naciones del mundo para trabajar por la paz y el desarrollo. Esta misión descansa en los valores de la justicia, la dignidad humana y el bienestar de todos los hombres y mujeres del mundo.

La ONU publicó en 1948 la Declaración Universal de los Derechos Humanos para proteger los derechos individuales de todas las personas del planeta. No es una ley, pero a partir de 1976 los Estados que la ratifican están obligados a ajustar sus leyes a ella, y la ONU tiene derecho a vigilar su cumplimiento.

La Convención de los Derechos del Niño es un tratado dedicado especialmente a la infancia. Se adoptó en la Asamblea de la ONU en 1989.

Emblema de la ONU.

Las finalidades de la ONU

- Mantener la paz en el mundo.
- Desarrollar las relaciones amistosas entre los países.
- Trabajar juntos para ayudar a que todos los seres humanos tengan una vida digna, eliminar la pobreza, las enfermedades y el analfabetismo y evitar la destrucción del medio ambiente.
- Estimular el respeto de las libertades y los derechos de todos.
- Ayudar a los países a cumplir estos objetivos.

La defensa y la paz

A lo largo de la historia y en las diferentes culturas, la dignidad humana ha sido pisoteada en distintas situaciones sociales y económicas que han dado paso a conflictos, enfrentamientos e incluso guerras.

Las guerras no solo destruyen vidas. Existen otros daños llamados «colaterales» que afectan especialmente a los niños, las mujeres y los ancianos:

- Las familias se separan y a menudo padres, hijos o hermanos se pierden para siempre.
- Unos mueren, otros son heridos, otros desaparecen o son encarcelados.
- Los hogares de miles de personas se destruyen y no tienen un lugar donde vivir.
- Se paraliza la agricultura, la ganadería, la industria, el trabajo en general, lo que origina pobreza y hambre.
- Se paralizan la educación, el deporte, la ciencia y todas las manifestaciones de la vida social.
- Los sentimientos y emociones se agudizan y se enfrentan.

Los Estados están obligados a garantizar la paz de sus ciudadanos y a proporcionarles seguridad en su vida diaria y futura.

Tropas de la ONU durante una
humanitaria.